Weiterführend empfehlen wir:

Das Profi-Hörbuch Bewerbung
ISBN 978-3-8029-4640-0

Auszubildende richtig beurteilen
ISBN 978-3-8029-3739-2

Handbuch Bewerbung
ISBN 978-3-8029-3452-0

Musterbriefe zur Bewerbung
ISBN 978-3-8029-3593-0

Mein neuer Job
ISBN 978-3-8029-3419-3

400-Euro-Jobs
ISBN 978-3-8029-3339-4

Die aktuellen auftragpflichtigen Gesetze 2008
ISBN 978-3-8029-1371-6

Das gesamte Arbeitsrecht
ISBN 978-3-8029-3803-0

Weitere Titel unter: www.WALHALLA.de

Wir freuen uns über Ihr Interesse an diesem Buch. Gerne stellen wir Ihnen zusätzliche Informationen zu diesem Programmsegment zur Verfügung.

Bitte sprechen Sie uns an:

E-Mail: WALHALLA@WALHALLA.de
http://www.WALHALLA.de

Walhalla Fachverlag · Haus an der Eisernen Brücke · 93042 Regensburg
Telefon (09 41) 56 84-0 · Telefax (09 41) 56 84-1 11

Heinz W. Vogel

Geheim-Code Arbeitszeugnis

So verbessern Sie Ihre Berufs- und Verdienstmöglichkeiten spürbar

13., aktualisierte Auflage

WALHALLA
FACHVERLAG

Bibliografische Information Der Deutschen Bibliothek
Die Deutsche Bibliothek verzeichnet diese Publikation in der Deutschen Nationalbibliografie; detaillierte bibliografische Daten sind im Internet über http://dnb.ddb.de abrufbar.

Zitiervorschlag:
Heinz-Wilhelm Vogel, Geheim-Code Arbeitszeugnis
Walhalla Fachverlag, Regensburg 2008

Hinweis: Unsere Ratgeber sind stets bemüht, Sie nach bestem Wissen zu informieren. Die vorliegende Ausgabe beruht auf dem Stand von Februar 2008. Verbindliche Auskünfte holen Sie gegebenenfalls bei Ihrem Rechtsanwalt ein.

13., aktualisierten Auflage

Produktion: Walhalla Fachverlag, 93042 Regensburg
Umschlaggestaltung: grubergrafik, Augsburg
Druck und Bindung: Westermann Druck Zwickau GmbH
Printed in Germany
ISBN 978-3-8029-3788-0

Nutzen Sie das Inhaltsmenü:
Die Schnellübersicht führt Sie zu Ihrem Thema.
Die Kapitelüberschriften führen Sie zur Lösung.

Schnellübersicht

Schnellübersicht

So knacken Sie jeden Geheim-Code

Nicht jeder Arbeitnehmer, der ein „gutes Zeugnis" erhält, kann sich darüber auch freuen. Was nach wie vor viele nicht wissen: Hinter scheinbar schmeichelhaften Formulierungen verstecken sich oftmals recht dürftige Beurteilungen. Nur wer zwischen den Zeilen zu lesen versteht, erfährt, was wirklich im Arbeitszeugnis steht.

Bei Beendigung des Arbeitsverhältnisses hat jeder Arbeitnehmer Anspruch auf Erteilung eines Zeugnisses. Auf sein Verlangen hin muss es über Art und Dauer der Beschäftigung sowie Führung und Leistung Auskunft geben. Oberster Grundsatz eines Zeugnisses ist, dass der Inhalt der Wahrheit entspricht. Zugleich soll es aber auch von dem verständigen Wohlwollen des Arbeitgebers getragen sein und das Weiterkommen nicht unnötig erschweren.

Das Arbeitszeugnis dient in erster Linie dem Ziel, die Bewerbung um einen neuen Arbeitsplatz zu erleichtern. Es muss alle wesentlichen Tatsachen und Bewertungen enthalten, die für die Gesamtbeurteilung des Arbeitnehmers von Bedeutung sind. Einmalige Vorkommnisse haben im Zeugnis jedenfalls dann nichts zu suchen, wenn der Vorfall für das Gesamtbild des betreffenden Arbeitnehmers nicht typisch war.

Personalchefs bedienen sich einer regelrechten Zeugnissprache, wenn es gilt, von dem zu beurteilenden Arbeitnehmer ein wohlwollendes und zugleich auch wahrheitsgetreues Bild zu zeichnen. Durch Weglassen und Abschwächen positiver Aussagen, durch positiv klingende Umschreibungen oder durch besonderes Hervorheben purer Selbstverständlichkeiten geben Personalchefs ihren Kollegen zu verstehen, was sie von dem jeweiligen Arbeitnehmer wirklich halten. Es ist deshalb für jeden wichtig, über die gängigen Formulierungen informiert zu sein.

Heinz-Wilhelm Vogel

Warum ein Arbeitszeugnis für Sie so wichtig ist

1

Das sollten Sie wissen!

Arbeitszeugnisse begleiten Sie ein (Berufs-)Leben lang. Sie entscheiden maßgeblich über Ihr persönliches und berufliches Fortkommen.

Schlecht ausgefallene oder auch nur unglücklich formulierte Arbeitszeugnisse können eine zunächst erfolgversprechende berufliche Entwicklung abrupt beenden. Dabei kommt den Arbeitszeugnissen eine unterschiedliche Bedeutung zu, je nachdem, ob sie aus Sicht des Arbeitnehmers oder Arbeitgebers betrachtet werden.

Damit Sie bei Ihrer Bewerbung die Vorauswahl überstehen

Für Sie als Arbeitnehmer spielen die Arbeitszeugnisse mit Sicherheit bei der Bewerbung um einen neuen Arbeitsplatz die größte Rolle. Die Arbeitszeugnisse der bisherigen Arbeitgeber stellen die wichtigsten Bewerbungsunterlagen schlechthin dar. Zeugnisse sind nicht alles, werden Sie jetzt vielleicht einwenden und sich sagen, dass es letzlich immer noch auf den Gesamteindruck einer Bewerbung ankommt. Und dazu zählt immer auch der Lebenslauf – und vor allem das Vorstellungsgespräch.

Sicherlich: Sie haben recht. Doch müssen Sie überhaupt erst einmal zum Vorstellungsgespräch eingeladen werden. Die Chance, sich persönlich vorzustellen, erhalten nur die wenigsten Bewerber(innen). In der heutigen Zeit, in der auf eine einzige Stellenausschreibung oftmals 50 bis 100 oder noch mehr Bewerbungen eingehen, regiert die Vorauswahl. Und diese treffen die Personalchefs nahezu ausschließlich anhand der eingereichten Arbeitszeugnisse.

Das bedeutet: Können Sie nicht überzeugende Arbeitszeugnisse vorlegen, fallen Sie bereits in der ersten Runde durch das Bewerbungsraster. Das Motto lautet also gerade nicht „Zeugnisse sind nicht alles", sondern vielmehr „ohne (gute) Zeugnisse ist alles nichts".

Praxis-Tipp:

Legen Sie größten Wert darauf, dass Sie bei Beendigung eines Arbeitsverhältnisses ein Arbeitszeugnis erhalten. Achten Sie darauf, dass das Arbeitszeugnis über Art und Dauer Ihrer Beschäftigung vollständig und umfassend informiert und vor allem auch eine aussagekräftige Beurteilung Ihrer Führung und Leistung beinhaltet.

Welchen Informationswert ein Zeugnis wirklich hat

Aus Sicht des potenziellen neuen Arbeitgebers dienen die Arbeitszeugnisse zunächst als entscheidendes Auswahlkriterium. Sind dann erst einmal einige Bewerber(innen) in die engere Auswahl gezogen, reduziert sich die Bedeutung der Arbeitszeugnisse darauf, (nur noch) ein – wenn auch wichtiges – Entscheidungskriterium unter mehreren zu sein. Je nachdem, welche Position ausgeschrieben ist, können einzelne Abschnitte eines Arbeitszeugnisses ganz unterschiedliche Bedeutung gewinnen.

Zu den Fragen, die sich Personalchefs bei der Sichtung von Bewerbungen stellen, gehören insbesondere folgende:

- Ist die berufliche Fortentwicklung kontinuierlich verlaufen?
- Ist der Bewerber/die Bewerberin aufgrund der bisher ausgeübten Tätigkeiten für die ausgeschriebene Position besonders geeignet?
- Verfügt der Bewerber/die Bewerberin über besondere Erfahrungen und spezielle Kenntnisse, die ihn/sie für die ausgeschriebene Position besonders interessant machen?
- Fehlen in den Arbeitszeugnissen der früheren Arbeitgeber bestimmte positive Aussagen über Führung und Leistung, die auf-

grund der Fähigkeiten und der beruflichen Entwicklung des Bewerbers/der Bewerberin eigentlich nicht fehlen dürften?

In jedem Fall aber gilt: „Entscheidend ist nicht so sehr, was im Zeugnis steht, sondern wie es vom unbefangenen Leser zu verstehen ist." Diese Erkenntnis eines erfahrenen Personalchefs müssen Sie überaus ernst nehmen. Immer wieder kommt es vor, dass Arbeitgeber in Unkenntnis über die Zeugnissprache Formulierungen in ein Arbeitszeugnis aufnehmen, die dem Arbeitnehmer negativ ausgelegt werden können.

Beispiel:

Die Beurteilung „er hat die ihm übertragenen Arbeiten mit großem Fleiß und Interesse durchgeführt" bescheinigt dem Mitarbeiter eine mangelhafte Leistung (= Schulnote 5).

Gerade in Kleinbetrieben droht die Gefahr, dass der Firmenchef – in bester Absicht – emotional geprägte Arbeitszeugnisse formuliert, die seinem Mitarbeiter beziehungsweise seiner Mitarbeiterin mehr schaden als nützen. Es ist für Sie als Arbeitnehmer daher außerordentlich wichtig, dass Ihr Arbeitgeber im Zeugnis nüchterne und emotionslose Aussagen trifft und sich dabei weitestgehend an der Zeugnissprache orientiert.

Praxis-Tipp:

Machen Sie Ihren Arbeitgeber gegebenenfalls ausdrücklich darauf aufmerksam, dass im Arbeitszeugnis Formulierungen enthalten sind, die im Allgemeinen nachteilig verstanden werden. Fordern Sie ihn immer auch auf, seinerseits fachlichen Rat einzuholen, um die Diskussion abzukürzen. Bieten Sie ihm außerdem eigene Formulierungsalternativen an. Orientieren Sie sich dabei an den Formulierungsbeispielen in den Kapiteln 5 bis 7.

Warum es eine besondere Zeugnissprache gibt

Um von vornherein einem weit verbreiteten Irrglauben zu begegnen: Geheime Absprachen zwischen Unternehmern und Personalchefs über die Verwendung bestimmter Formulierungen in Arbeitszeugnissen gibt es nicht. Ganz im Gegenteil: Egal, ob es sich um den Inhaber einer kleinen Firma, einen Handwerksmeister oder den Personalchef eines Großunternehmens handelt – jeder entwickelt im Laufe der Zeit einen eigenen, für ihn typischen Zeugnisstil.

Richtig ist aber auch: Es gibt eine Reihe von Formulierungen und Redewendungen, die in Arbeitszeugnissen immer wieder vorkommen. Kennzeichnend für sie ist, dass sie fast immer wohlwollender klingen, als sie gemeint sind. Erst recht dann, wenn solche Formulierungen und Redewendungen miteinander kombiniert oder bestimmte Worte weggelassen werden, erhalten sie eine ganz andere Bedeutung als allgemein angenommen.

Fest steht: Es gibt eine regelrechte Zeugnissprache, die wohl die meisten Arbeitnehmer nicht richtig verstehen. Für sie enthalten Arbeitszeugnisse schlicht Geheim-Codes, die sie selbst nicht entschlüsseln können. Dass es in Wahrheit negative Beurteilungen sind, die sich hinter manch einer wohlwollend klingenden Formulierung verbergen, trägt zusätzlich zur Verunsicherung der Arbeitnehmer bei.

Warum kann ein Arbeitszeugnis nicht so formuliert werden, dass sein Inhalt von jedem sofort verstanden werden kann, werden Sie sich vielleicht fragen. Natürlich wäre es am besten, ein Zeugnis klar und unmissverständlich zu formulieren. Eine solche Vorgehensweise ist auch ohne weiteres möglich.

Trotzdem ist die Forderung nach mehr Klartext in Arbeitszeugnissen nicht erfüllbar. Das liegt an der Rechtsprechung der Arbeitsgerichte. Danach sollen Arbeitszeugnisse einerseits vom verständigen Wohlwollen für den Arbeitnehmer getragen sein und zugleich sein weiteres Fortkommen nicht unnötig erschweren. Bereits 1960, also vor 46 Jahren, hat der Bundesgerichtshof diese Grundsätze aufgestellt, die heute nach wie vor uneingeschränkt gelten. In diesem Grundsatzurteil heißt es auszugsweise:

„Oberster Grundsatz ist, dass der Inhalt des Zeugnisses wahr sein muss. Das bedeutet aber bei einem Zeugnis über Leistung und Führung nicht Pflicht zu schonungsloser Beurteilung von ungünstigen Vorkommnissen. Das Zeugnis soll vom verständigen Wohlwollen für den Arbeitnehmer getragen sein und ihm sein weiteres Fortkommen nicht erschweren.

Diese Rücksichtnahme hat ihre Schranke dort, wo sich das Interesse des künftigen Arbeitgebers an der Zuverlässigkeit der Grundlage für die Beurteilung des Arbeitssuchenden ohne weiteres aufdrängt. Insbesondere das Verschweigen bestimmter für die Führung im Dienst bedeutsamer Vorkommnisse beeinflusst den Gesamteindruck wesentlich.

Keinesfalls darf der zeugnisausstellende Arbeitgeber in dem Wunsch, dem Arbeitnehmer behilflich zu sein, wahrheitswidrige Angaben aufnehmen und ein Urteil abgeben, das nicht seiner Überzeugung entspricht oder sich nach den Maßstäben einer vernünftigen Verkehrsauffassung nicht aufrechterhalten lässt."

Die Wahrheitspflicht

Oberster Grundsatz der Zeugniserstellung ist damit die Wahrheitspflicht. Das bedeutet, dass auch nachteilige Bewertungen im Zeugnis enthalten sein dürfen, wenn diese für Ihre Beurteilung von Bedeutung sind. Sie können nicht verlangen, dass derartige Hinweise im Zeugnis unerwähnt bleiben. Vermutungen und Verdachtsmomente haben dagegen im Zeugnis nichts zu suchen.

Beispiel:

Sie sind Berufskraftfahrer. Nach erheblichem Alkoholgenuss haben Sie sich stark betrunken ans Steuer gesetzt und sind prompt in eine Verkehrskontrolle geraten. Die Alkoholfahrt endet mit einer Verurteilung wegen Trunkenheit im Verkehr und dem Führerscheinentzug für ein Jahr. Einen entsprechenden Hinweis Ihres Arbeitgebers im Arbeitszeugnis werden Sie nicht verhindern können.

Dasselbe gilt etwa, wenn Sie in der Buchhaltung angestellt waren und Ihnen anvertraute Gelder unterschlagen haben. Vermutet Ihr Arbeitgeber dagegen lediglich, dass Sie Gelder aus der Firmenkasse entwendet haben, ist er nicht berechtigt, eine entsprechende Vermutung im Zeugnis zu äußern.

Aus dem Grundsatz der Wahrheit folgt weiter, dass das Zeugnis grundsätzlich alle wesentlichen Tatsachen und Bewertungen enthalten muss, die für Ihre Gesamtbeurteilung von Bedeutung sind. Einmalige Vorfälle dürfen im Zeugnis nicht berücksichtigt werden. Dasselbe gilt für solche Umstände, die für Ihre Führung und Leistung nicht charakteristisch sind, unabhängig davon, ob sie vorteilhaft oder nachteilig sind.

Im Arbeitszeugnis muss Ihre Führung und Leistung so genau und vollständig beschrieben werden, dass sich eine Firma, bei der Sie sich bewerben, ein klares Bild über Ihre bisherige Tätigkeit machen kann. Das Zeugnis darf weder durch seine Wortwahl noch durch seine Satzstellung oder aber durch Auslassungen dazu Anlass geben, dass beim Leser Irrtümer entstehen können. Weiter ist zu berücksichtigen, dass im Zeugnis nur solche Tatsachen und Beurteilungen aufgenommen werden dürfen, an denen ein künftiger Arbeitgeber ein berechtigtes und verständiges Interesse haben kann. So darf ein Arbeitszeugnis ohne sachlichen Grund nicht zu erkennen geben, dass sich Arbeitgeber und Arbeitnehmer im Streit getrennt haben. Denn der Grund und die Art der Beendigung eines Arbeitsverhältnisses haben grundsätzlich nichts mit der Beurteilung der Führung und Leistung eines Arbeitnehmers zu tun.

Die Wohlwollenspflicht

Das Arbeitszeugnis soll über Ihre Leistung und Führung wahrheitsgemäß und vollständig Auskunft geben. Das beinhaltet für Ihren bisherigen Arbeitgeber allerdings nicht die Pflicht zu geradezu schonungsloser Offenheit. Vielmehr erstreckt sich die Fürsorgepflicht des Arbeitgebers immer auch auf die Abwicklung des Arbeitsverhältnisses. Deshalb muss Ihr Arbeitgeber das Arbeitszeugnis mit verständigem Wohlwollen ausstellen, um Ihnen das weitere Fortkommen nicht unnötig zu erschweren.

Es liegt auf der Hand, dass zwischen dem Grundsatz der Wahrheit und dem des verständigen Wohlwollens ein erhebliches Spannungsverhältnis bestehen kann. In manchen Fällen bedeutet es für einen Arbeitgeber eine regelrechte Gratwanderung, ein Zeugnis zu formulieren, das sowohl der Wahrheitspflicht genügt als auch vom verständigen Wohlwollen getragen ist. Im Zweifel hat der Grundsatz der Wahrheit den Vorrang. Darin sind sich alle Arbeitsgerichte einig.

Das verständige Wohlwollen äußert sich in erster Linie darin, dass die Beurteilung der Führung und Leistung eines Arbeitnehmers nahezu ausnahmslos positiv formuliert wird. Negative Urteile werden vermieden, indem die Arbeitgeber bei der Beurteilung wichtige Worte weglassen oder übliche Passagen eines Zeugnisses „vergessen".

Beispiel:

„Er/sie arbeitete stets zu unserer vollsten Zufriedenheit". Hier bescheinigt der Arbeitgeber eine sehr gute Leistung (= Schulnote 1). Heißt es dagegen lediglich „er/sie arbeitete zu unserer Zufriedenheit", wird damit nur eine ausreichende Leistung (= Schulnote 4) bescheinigt. Und wenn im Zeugnis zu lesen ist, „er/sie war bemüht", dann heißt dies im Klartext, dass bei seinen/ihren Bemühungen nichts herausgekommen ist.

Eben diese Pflicht des Arbeitgebers, bei der Ausstellung des Zeugnisses immer auch dem verständigen Wohlwollen zu genügen, hat dazu geführt, dass sich sehr schnell eine verschlüsselte Zeugnissprache entwickelt hat. Allerdings kann nur davor gewarnt werden, (tatsächliche oder nur scheinbare) Auslassungen im Zeugnistext überzubewerten.

Manch ein Arbeitgeber, und das gilt insbesondere für die Inhaber von Kleinunternehmen und Handwerksbetrieben, sind mit der Zeugnissprache überhaupt nicht vertraut. Dass sie Formulierungen verwenden, die für ihren Mitarbeiter eher nachteilig sind, ist ihnen oftmals gar nicht bewusst. Umso wichtiger ist es, dass Sie als Arbeitnehmer informiert sind, damit das Zeugnis noch abgeändert werden kann.

Wann Sie ein Arbeitszeugnis verlangen können

2

Das sollten Sie wissen!

Grundsätzlich kann jeder Arbeitnehmer verlangen, dass ihm sein Arbeitgeber ein Arbeitszeugnis ausstellt. Dies gilt auch dann, wenn Sie nebenberuflich tätig sind oder zu den geringfügig Beschäftigten gehören. Überhaupt gibt es eine Vielzahl von Vorschriften, die den Anspruch auf Erteilung eines Arbeitszeugnisses teilweise sehr detailliert regeln.

Allgemein lässt sich sagen, dass Sie immer dann einen Anspruch auf Erteilung eines Arbeitszeugnisses haben, wenn Sie sich in einem persönlichen und/oder wirtschaftlichen Abhängigkeitsverhältnis befinden und nicht als freier Mitarbeiter tätig sind.

Wer auf der Erteilung eines Zeugnisses bestehen kann

Jeder Arbeitnehmer hat grundsätzlich Anspruch auf Erteilung eines Arbeitszeugnisses. Dazu zählen alle Personen, die sich aufgrund eines (Arbeits-)Vertrags einem anderen gegenüber für eine gewisse Dauer und gegen Entgelt zur Arbeitsleistung verpflichtet haben. Auch Familienangehörige können Arbeitnehmer sein.

Beispiel:

Sie arbeiten im Betrieb Ihres Ehegatten oder eines Elterteils mit. Voraussetzung ist allerdings, dass es sich um ein echtes Arbeitsverhältnis und nicht lediglich um gelegentliche Mithilfe handelt.

Unterscheiden Sie im Einzelnen folgende Arbeitnehmergruppen:

- Handlungsgehilfen

  Bei Handlungsgehilfen handelt es sich um kaufmännische Angestellte. Ihre Arbeit unterscheidet sich von der eines gewerblichen Arbeitnehmers dadurch, dass die gedankliche, geistige Arbeit gegenüber der mechanischen, mit der Hand geleisteten überwiegt.

- Gewerbliche Arbeitnehmer

  Hierzu zählen sowohl gewerbliche Arbeitnehmer als auch technische Angestellte in der gewerblichen Wirtschaft.

- Auszubildende

  Alle kaufmännischen, gewerblichen und handgewerblichen Auszubildenden haben einen Zeugnisanspruch. Dies gilt unabhängig davon, ob es sich um die eigentliche Berufsausbildung handelt oder um Fortbildung beziehungsweise Umschulung.

- Volontäre und Praktikanten

  Sie werden eingestellt, um berufliche Kenntnisse, Fertigkeiten und Erfahrungen zu erwerben, ohne dass dadurch ein Arbeitsverhältnis begründet wird. Gleichwohl haben sie einen Zeugnisanspruch. Das gilt auch für so genannte Anlernlinge.

- Werkstudenten

  Hier verhält es sich in der Regel so, dass (lediglich) ein befristetes Arbeitsverhältnis besteht, etwa für die Dauer der Semesterferien.

- Leitende Angestellte

  Dieser Personenkreis zählt ebenfalls zu den Arbeitnehmern und hat deshalb einen Anspruch auf Erteilung eines Zeugnisses.

- Sonstige Personen

  Auch in folgenden Fällen haben Sie Anspruch auf Erteilung eines Arbeitszeugnisses:
  - Teilzeitbeschäftigung
  - geringfügige Beschäftigung
  - befristetes Arbeitsverhältnis
  - Probearbeitsverhältnis
  - Beschäftigung im Rahmen einer Arbeitsbeschaffungsmaßnahme
  - Heimarbeit

Achtung: In folgenden Fällen haben Sie keinen Zeugnisanspruch:

- Sie sind selbstständiger Handelsvertreter.
- Sie arbeiten als freier Mitarbeiter.

Der entscheidende Zeitpunkt für die Zeugniserteilung

Der Anspruch auf Erteilung eines Arbeitszeugnisses entsteht nach den gesetzlichen Bestimmungen bei Beendigung des Beschäftigungsverhältnisses. Gewerbliche Arbeitnehmer können ihr Zeugnis „beim Abgang" verlangen. So heißt es wortwörtlich in der Gewerbeordnung (§ 113). Aber auch mit „Abgang" ist nichts anderes gemeint als das Ende des Arbeitsverhältnisses. Und das ist der Tag der tatsächlichen Beendigung, also der letzte Arbeitstag.

In den meisten Fällen werden Sie sich schon lange vor Ihrem Ausscheiden beim bisherigen Arbeitgeber um einen neuen Arbeitsplatz bewerben wollen. Die Bewerbung hat allerdings nur dann Sinn und Aussicht auf Erfolg, wenn Sie den Bewerbungsunterlagen auch ein Arbeitszeugnis beifügen können. Deshalb ist in der Praxis anerkannt, dass Sie die Erteilung eines Arbeitszeugnisses verlangen können, sobald die Kündigung ausgesprochen ist. Sie müssen also nicht erst den Ablauf der Kündigungsfrist abwarten. Dabei ist es unerheblich, ob Sie selbst oder Ihr Arbeitgeber das Arbeitsverhältnis gekündigt hat.

Werden Sie während der Kündigungsfrist beurlaubt oder von der Arbeit freigestellt, können Sie von Ihrem Arbeitgeber ein endgültiges Zeugnis verlangen. Der Grund: Sie scheiden mit der Beurlaubung beziehungsweise Freistellung faktisch aus dem Betrieb aus. Dasselbe gilt dann, wenn Sie während eines Kündigungsschutzprozesses nicht beschäftigt werden.

Anders verhält es sich dagegen, wenn Sie auch während eines Kündigungsschutzprozesses von Ihrem Arbeitgeber weiterbeschäftigt werden. Ihre Führung und Leistung in diesem Zeitraum können für die Beurteilungen im Arbeitszeugnis durchaus noch Bedeutung haben. Deshalb können Sie in diesen Fällen nur ein „vorläufiges Zeugnis" verlangen.

Wichtig: Dieses Zeugnis brauchen Sie nicht zurückzugeben, wenn Ihnen Ihr Arbeitgeber später das endgültige Zeugnis aushändigt. Abgesehen davon, dass das vorläufige Zeugnis für Ihren bisherigen Arbeitgeber ohnehin uninteressant ist, werden Sie das vorläufige Zeugnis in den meisten Fällen auch schon deshalb nicht zurückgeben wollen, weil Sie es eventuell bereits als Kopie Ihren Bewerbungsunterlagen für den neuen Arbeitsplatz beigefügt haben.

Geht es dagegen um die Beendigung eines befristeten Arbeitsvertrags (Zeitarbeitsvertrag), können Sie bereits eine angemessene Zeit vor Ihrem Ausscheiden vom Arbeitgeber ein Arbeitszeugnis verlangen. Als Faustregel gilt, dass Ihnen Ihr Arbeitgeber etwa zwei bis drei Monate vor Beendigung der befristeten Tätigkeit das Arbeitszeugnis ausstellen muss. Entsprechendes gilt, wenn Sie sich mit Ihrem Arbeitgeber auf die einvernehmliche Beendigung eines unbefristeten Arbeitsverhältnisses einigen. In einem solchen Fall empfiehlt es sich allerdings, im Aufhebungsvertrag immer auch den Zeitpunkt für die Erteilung des Zeugnisses zu regeln, um späteren Streitigkeiten von vornherein vorzubeugen.

Wer Ihnen das Arbeitszeugnis ausstellen muss

Es ist immer der Arbeitgeber, der verpflichtet ist, Ihnen das Arbeitszeugnis auszustellen. Hat beispielsweise ein Arbeitsgerichtsprozess stattgefunden und wurde Ihr Arbeitgeber unter anderem verpflichtet, Ihnen ein Arbeitszeugnis auszustellen, muss er dies auch selbst tun. Es ist unzulässig, dass statt dessen beispielsweise ein Rechtsanwalt oder der Vertreter eines Arbeitgeberverbandes das Zeugnis ausstellt.

Einen Anspruch darauf, dass der Chef persönlich das Arbeitszeugnis unterschreibt, haben Sie allenfalls in kleinen Unternehmen oder Handwerksbetrieben. Ansonsten gilt grundsätzlich: Ihr Arbeitgeber kann die Ausstellung des Arbeitszeugnisses delegieren. So kann er beispielsweise die Personalabteilung damit beauftragen, die sich dann in der Regel wiederum mit Ihrem Fachvorgesetzten in Verbindung setzen wird.

Wichtig: Wer auch immer Ihr Zeugnis letztlich ausstellt, es muss sich stets um einen ranghöheren Angestellten des Unternehmens handeln. In Betracht kommen beispielsweise

- Geschäftsführer
- Personalleiter mit Prokura oder Handlungsvollmacht
- Leiter der Personalabteilung
- Betriebsleiter
- Meister
- Ausbilder (beim Ausbildungszeugnis)

Praxis-Tipp:

Bestehen Sie darauf, dass Ihr unmittelbarer Fachvorgesetzter grundsätzlich hinzugezogen wird, wenn es um die Formulierung des Arbeitszeugnisses geht. Er kennt Sie am besten. Kaum ein anderer Mitarbeiter des Unternehmens kann Ihre Führung und Leistung besser beurteilen. Verlangen Sie außerdem, dass er das Zeugnis auch mit unterschreibt.

Befindet sich Ihre Firma in der Insolvenz, bleibt der alte Arbeitgeber zur Zeugniserteilung verpflichtet, wenn Sie als Arbeitnehmer noch vor Eröffnung der Insolvenz aus dem Arbeitsverhältnis ausgeschieden sind. Endet das Arbeitsverhältnis dagegen erst nach Insolvenzeröffnung, können Sie das Arbeitszeugnis nur noch vom Insolvenzverwalter verlangen. Das gilt unabhängig davon, wie lange das Arbeitsverhältnis nach Eröffnung des Insolvenzverfahrens noch angedauert hat.

In einem solchen Fall kann es für den Insolvenzverwalter schwierig sein, Ihnen ein ordnungsgemäßes Zeugnis auszustellen. Die erforderlichen Kenntnisse muss er sich aus den Personalakten oder durch Befragen Ihrer Vorgesetzten beschaffen.

Wann Sie Ihr Recht auf ein Arbeitszeugnis verlieren

Der Anspruch auf ein Arbeitszeugnis verjährt nach 30 Jahren. Das bedeutet, dass Ihr Recht auf Erteilung eines Arbeitszeugnisses nach diesem Zeitraum erlischt. Theoretisch können Sie also über einen überaus langen Zeitraum ein Arbeitszeugnis verlangen.

Allerdings: Grau ist alle Theorie. In der Praxis kann der Zeugnisanspruch schon nach wenigen Monaten verwirkt sein. Verwirkung bedeutet, dass Sie den noch nicht verjährten Zeugnisanspruch nicht mehr geltend machen können, weil Sie Ihr Recht über eine längere Zeit hinweg nicht ausgeübt und dadurch beim Arbeitgeber den Eindruck erweckt haben, dass Sie gar kein Arbeitszeugnis wollen.

Gesetzliche Regelungen, ab welchem Zeitpunkt Verwirkung vorliegt, gibt es nicht. Es kommt immer auf die konkreten Umstände des Einzelfalls an. So hat das Bundesarbeitsgericht beispielsweise einmal entschieden, dass ein Zeugnisanspruch nach 21 Monaten verwirkt ist. In einem anderen Fall nahm das Bundesarbeitsgericht dies bereits nach Ablauf von fünf Monaten an.

Praxis-Tipp:

Wenn Ihnen Ihr Arbeitgeber ein Zeugnis ausstellen soll, haben Sie keine Zeit zu verlieren. Verlangen Sie das Zeugnis spätestens einen Monat nach Beendigung des Arbeitsverhältnisses. Das gilt insbesondere dann, wenn es um ein qualifiziertes Arbeitszeugnis geht, das auch über Ihre Führung und Leistung Auskunft geben soll.

Bedenken Sie: Mit fortschreitender Zeit wird es Ihren Vorgesetzten immer schwerer fallen, sich detailliert an Ihre Führung und Leistung zu erinnern. Eine zeitnahe Erstellung des Arbeitszeugnisses liegt daher ausschließlich in Ihrem eigenen Interesse.

Es kommt immer wieder einmal vor, dass der bisherige Arbeitgeber auf die Forderung nach Erteilung eines Arbeitszeugnisses (zunächst einmal) nicht reagiert.

Haken Sie in solchen Fällen unbedingt nach. Erinnern Sie Ihren bisherigen Arbeitgeber an die Erstellung des Arbeitszeugnisses. Wenn er auch daraufhin immer noch untätig bleibt, hilft nur noch ein weiteres Schreiben, in dem Sie ihm am besten auch gleich eine Frist setzen und mit gerichtlichen Schritten drohen für den Fall, dass er die ihm gesetzte Frist ungenutzt verstreichen lässt.

Lässt Ihr bisheriger Arbeitgeber auch dann immer noch nichts von sich hören, empfiehlt es sich, konsequent zu bleiben und umgehend Klage zu erheben (siehe Kapitel 8).

Vorsicht: Heutzutage sind in praktisch jedem Tarifvertrag so genannte Verfall- beziehungsweise Ausschlussfristen enthalten. Danach können bestimmte Ansprüche aus dem Arbeitsverhältnis nur innerhalb dieser Fristen geltend gemacht werden. Dazu kann insbesondere auch der Anspruch auf Erteilung eines Arbeitszeugnisses gehören. Besonders wichtig: Diese Verfall- beziehungsweise Ausschlussfristen können auch im Einzelarbeitsvertrag vereinbart werden. In einem solchen Fall sind derartige Ausschlussklauseln immer dann wirksam, wenn sie in gleicher Weise sowohl für den Arbeitgeber als auch für den Arbeitnehmer gelten, inhaltlich ausgewogen sind und Ihre Rechte als Arbeitnehmer nicht beschneiden.

Entgegen einer weit verbreiteten Meinung ist es nicht möglich, während des Bestehens des Arbeitsverhältnisses auf die Erteilung eines Zeugnisses zu verzichten. Der Grund: Der Anspruch auf Erteilung eines Arbeitszeugnisses ist unabdingbar. Das bedeutet, dass er nicht von vornherein für die Zukunft ausgeschlossen oder erlassen werden kann.

Welche Wirkung Ausgleichsquittungen haben

In der Praxis verlangen Arbeitgeber häufig so genannte Ausgleichsquittungen, nachdem sie dem ausscheidenden Mitarbeiter die Arbeitspapiere ausgehändigt haben. Typisch für derartige Fälle ist etwa folgende Formulierung:

> Der Arbeitnehmer bestätigt mit seiner Unterschrift, dass er heute den Restlohn für den laufenden Monat, das anteilige Urlaubsgeld und sämtliche Arbeitspapiere erhalten hat. Damit sind sämtliche Ansprüche aus dem Arbeitsverhältnis erledigt.

Wichtig: Solche Ausgleichsquittungen erstrecken sich grundsätzlich nicht auch auf den Zeugnisanspruch. Haben Sie also beispielsweise eine solche Ausgleichsquittung unterschrieben, von Ihrem Arbeitgeber aber noch kein Zeugnis erhalten, können Sie dieses jetzt immer noch von ihm fordern. Zwar können Sie nach Abschluss des Arbeitsverhältnisses auf die Erteilung eines Arbeitszeugnisses verzichten. Das kann aber immer nur ausdrücklich geschehen.

Beispiel:

Nach Beendigung des Arbeitsverhältnisses unterschreiben Sie (unter anderem) den Satz: „Ich verzichte auf die Erteilung eines Arbeitszeugnisses". (Nur) in diesem Fall ist der Verzicht wirksam.

Checkliste: So verlangen Sie ein Zeugnis

- Wenn Ihnen ein Zeugnis erstellt werden soll: Wenden Sie sich an Ihren unmittelbaren Fachvorgesetzten, die Personalabteilung (sofern vorhanden) oder direkt an den Chef.
- Verlangen Sie das Zeugnis zum frühestmöglichen Zeitpunkt, also unmittelbar nach Zugang der Kündigung (egal, von wem sie ausgesprochen wurde).
- Auch dann, wenn Sie bereits einen neuen Arbeitsplatz haben und auf das Zeugnis nicht angewiesen sind: Bestehen Sie sofort nach Zugang der Kündigung auf Erteilung eines Zeugnisses. Oftmals kommt es gerade in den letzten Wochen eines Arbeitsverhältnisses zu Meinungsverschiedenheiten zwischen Arbeitgeber und Arbeitnehmer. Auch wenn es „eigentlich" nicht sein darf: Solche Konfliktsituationen können sich auf das Arbeitszeugnis negativ auswirken.
- Wenn Sie das Arbeitszeugnis etwa einen Monat nach Beendigung des Arbeitsverhältnisses immer noch nicht erhalten haben, haken Sie am besten sofort nach. Erinnern Sie Ihren Arbeitgeber an die Erteilung des Arbeitszeugnisses.
- Hat er danach innerhalb angemessener Zeit (etwa zwei Wochen) immer noch nichts von sich hören lassen, setzen Sie ihm am besten eine (letzte) Frist und drohen nach Fristablauf mit Klageerhebung.

noch: Checkliste: So verlangen Sie ein Zeugnis

- Warten Sie nach Fristablauf immer noch vergeblich auf das Arbeitszeugnis, gehen Sie am besten konsequent vor und nehmen gerichtliche Hilfe in Anspruch.
- Wenn Sie mit Ihrem Arbeitgeber die Beendigung des Arbeitsverhältnisses einvernehmlich regeln: In den Aufhebungsvertrag gehört auch eine Vereinbarung darüber, bis zu welchem Zeitpunkt das Arbeitszeugnis vorliegen muss. Und auch Formulierungen über Ihre Führung und Leistung, an denen Ihnen besonders gelegen ist, sollten im Aufhebungsvertrag bereits fest vereinbart werden.
- Verzichten Sie nach Beendigung des Arbeitsverhältnisses niemals auf die Erteilung eines Arbeitszeugnisses.
- Wenn Sie eine Ausgleichsquittung unterschrieben haben: Der Zeugnisanspruch bleibt davon unberührt, Sie können von Ihrem Arbeitgeber also auch dann noch ein Arbeitszeugnis verlangen.

Welche Arten von Zeugnissen Sie unterscheiden müssen

3

Das sollten Sie wissen!

Die Arbeitszeugnisse werden je nach ihrem Inhalt sowie nach ihrem Anlass und Zeitpunkt in verschiedene Zeugnisarten unterteilt. Inhaltlich wird zwischen einem einfachen und einem qualifizierten Arbeitszeugnis unterschieden. Zeitlich ist zwischen dem „Zwischenzeugnis" sowie dem „vorläufigen" und „endgültigen" Zeugnis zu unterscheiden. Daneben gibt es noch einige Sonderformen, beispielsweise ein Ausbildungszeugnis oder Probearbeitszeugnis.

In einigen Punkten gelten für alle Zeugnisarten die gleichen Grundsätze. Manche Zeugnisarten weisen daneben wichtige Besonderheiten auf. In diesem Kapitel lesen Sie, worauf es für Sie entscheidend ankommt.

Wichtig: Die Arbeitsbescheinigung, die Ihr Arbeitgeber nach § 312 Sozialgesetzbuch III bei Beendigung des Arbeitsverhältnisses gegenüber der Arbeitsagentur abgeben muss, ist kein Arbeitszeugnis. Diese Arbeitsbescheinigung, die zwingend auf dem amtlichen Vordruck auszufüllen ist, dient der Arbeitsagentur als Nachweis für die Dauer Ihrer Beschäftigung und für die Höhe des von Ihnen bezogenen Arbeitsentgelts. Diese Angaben benötigt die Arbeitsagentur, um über einen Antrag auf Arbeitslosengeld entscheiden zu können.

Wenn es nur ein einfaches Zeugnis sein soll

Das einfache Zeugnis erstreckt sich lediglich auf Art und Dauer der Beschäftigung. Dieses Zeugnis wird bei weniger qualifizierten Tätigkeiten, zum Beispiel Hilfsarbeiten, oder bei lediglich kurzfristig ausgeübten Tätigkeiten ausgestellt. Der Grund: Bei derartigen Arbeitsverhältnissen spielt der persönliche Eindruck bei einem Vorstellungsgespräch eine weitaus größere Rolle als etwa die Angaben im Zeugnis.

In einem einfachen Zeugnis können Sie im Einzelnen folgende Angaben erwarten:

- Vornamen, Familiennamen, bei verheirateten beziehungsweise geschiedenen Arbeitnehmern auch den Geburtsnamen
- Geburtsdatum und Geburtsort
- einen etwaigen akademischen Titel
- Art und Dauer des Arbeitsverhältnisses

Das Arbeitszeugnis muss die typischen Merkmale der von Ihnen ausgeübten Tätigkeit so umfassend und konkret beschreiben, dass sich der Leser ein genaues Bild darüber machen kann, welche Aufgaben Sie tatsächlich wahrgenommen haben. Die bloße Berufsbezeichnung genügt auf keinen Fall. Als Faustregel gilt: Je verantwortungsvoller Ihre Tätigkeit war, desto differenzierter und ausführlicher muss das Arbeitszeugnis ausfallen.

Was die Dauer des Arbeitsverhältnisses betrifft, so muss das Zeugnis stets die rechtliche Dauer des Arbeitsverhältnisses nennen. Rechtliche Dauer meint den Zeitraum vom Beginn des Arbeitsverhältnisses bis zum Ablauf der Kündigungsfrist. Kürzere Unterbrechungen, beispielsweise Krankheit oder Urlaub, bleiben unberücksichtigt.

Achtung: Der Grund für die Beendigung des Arbeitsverhältnisses hat im einfachen Arbeitszeugnis nichts zu suchen. Ausnahme: Sie selbst verlangen es von Ihrem Arbeitgeber. Das bietet sich beispielsweise an, wenn Sie selbst gekündigt haben oder das Arbeitsverhältnis im gegenseitigen Einvernehmen mit Ihrem Arbeitgeber endet.

Checkliste: So prüfen Sie ein einfaches Zeugnis		
Ja	**Nein**	
☐	☐	Trägt das Zeugnis eine Überschrift?
☐	☐	Sind Ihr Vor- und Nachname sowie gegebenenfalls Ihr Geburtsname korrekt geschrieben?
☐	☐	Werden Geburtsdatum und Geburtsort richtig wiedergegeben?
☐	☐	Stimmen die Angaben zu Beginn und Ende des Arbeitsverhältnisses?
☐	☐	Wird die von Ihnen ausgeübte Tätigkeit genau und vollständig beschrieben?
☐	☐	Wurde das Zeugnis auf dem üblicherweise verwendeten Firmenbogen geschrieben?
☐	☐	Sind Ort und Datum der Ausstellung des Zeugnisses genannt?
☐	☐	Ist das Zeugnis vom Firmenchef oder einer vertretungsberechtigten Person unterschrieben?

Muster eines einfachen Zeugnisses

Zeugnis

Herr Heinz König, geboren am 6. Dezember 1978 in Wiesbaden, war in der Zeit vom 1. August 2000 bis 31. Januar 2008 als Bürogehilfe in unserem Unternehmen beschäftigt. Er war in der zentralen Einkaufsabteilung tätig. Sein Aufgabenbereich umfasste im Wesentlichen das Bearbeiten der ein- und ausgehenden Post, das Führen der Kundenkartei und das Beschaffen und Verwalten von Büromaterialien.

Herr König verlässt unsere Firma auf eigenen Wunsch. Wir wünschen ihm für die Zukunft alles Gute.

____

(Ort, Datum, Unterschrift)

Welche Besonderheiten bei einem qualifizierten Zeugnis gelten

Im Gegensatz zum einfachen Zeugnis enthält das qualifizierte Zeugnis zusätzlich zu den Angaben über Art und Dauer Ihrer Beschäftigung auch Aussagen über Ihre Führung und Leistung. Ein solches Zeugnis darf Ihnen Ihr Arbeitgeber nur erteilen, wenn Sie dies ausdrücklich verlangen. Händigt er Ihnen ein qualifiziertes Zeugnis aus, ohne dass Sie dies beantragt haben, können Sie dieses Zeugnis zurückweisen und auf einem einfachen Zeugnis bestehen.

Das qualifizierte Zeugnis soll Ihre Leistung und Führung während der gesamten Dauer des Arbeitsverhältnisses dokumentieren. Deshalb muss es alle wesentlichen Angaben enthalten, die für Ihre Gesamtbeurteilung von Bedeutung und für den Leser des Zeugnisses von Interesse sind. Einmalige Vorfälle oder Umstände, die für Ihre Führung und Leistung nicht charakteristisch sind, gehören dagegen nicht in das Zeugnis. Ebenso wenig ist es zulässig, das qualifizierte Zeugnis nur auf einen bestimmten Zeitraum eines insgesamt langjährigen Arbeitsverhältnisses zu beschränken.

In einem qualifizierten Zeugnis können Sie folgende Angaben erwarten:

- Vornamen, Familiennamen, bei verheirateten oder geschiedenen Arbeitnehmern auch den Geburtsnamen
- einen etwaigen akademischen Titel
- Beginn und Beendigung des Arbeitsverhältnisses
- Beschreibung der Tätigkeit
- Beurteilung der Arbeitsleistung
- Beurteilung des sozialen Verhaltens
- Schlussformulierung (Grund des Ausscheidens, Dank für geleistete Mitarbeit, Wünsche für die Zukunft)

Bei der Beurteilung Ihrer Leistung und Führung hat Ihr Arbeitgeber einen Beurteilungsspielraum. Dieser ist wesentlich größer als bei der Tätigkeitsbeschreibung. Die Leistungsbeurteilung umfasst die Arbeitsbereitschaft, die Arbeitsbefähigung, die Arbeitsweise, den Arbeitserfolg, die Führung von Mitarbeitern (bei Vorgesetzten) und eine abschließende allgemeine Leistungsbeurteilung.

Die Beurteilung Ihrer Führung im Betrieb umfasst in der Regel ausschließlich Ihr äußeres Verhalten in Bezug auf Kollegen und Vorgesetzte.

Demgegenüber geht Ihr Privatleben Ihren Arbeitgeber nichts an. Ihr außerdienstliches Verhalten bleibt deshalb im Zeugnis unberücksichtigt. Ausnahme: Ihr außerdienstliches Verhalten wirkt sich dienstlich aus. Dies kommt etwa bei Alkohol- und Drogensucht in Betracht.

Entscheiden Sie sich: Welches Zeugnis wollen Sie verlangen?

Es steht Ihnen völlig frei, ein einfaches oder ein qualifiziertes Zeugnis zu verlangen. Im Regelfall sollten Sie auf einem qualifizierten Zeugnis bestehen. Fügen Sie Ihren Bewerbungsunterlagen lediglich ein einfaches Zeugnis bei, werden Sie mit Ihrer Bewerbung kaum erfolgreich sein. Der Grund: Bei Sichtung der Bewerbungsunterlagen treffen die Personalchefs bereits eine Vorauswahl. Diese orientiert sich naturgemäß insbesondere auch an der Beurteilung Ihrer Führung und Leistung durch den beziehungsweise die bisherigen Arbeitgeber.

Indem Sie lediglich ein einfaches Zeugnis beifügen und damit verhindern, dass man sich bereits beim Lesen des Zeugnisses einen ersten Eindruck über Ihre Führung und Leistung verschaffen kann, katapultieren Sie sich selbst aus dem Bewerbungsverfahren heraus.

Wichtig: Haben Sie zunächst lediglich ein einfaches Zeugnis verlangt, können Sie später immer noch ein qualifiziertes Zeugnis nachfordern. Entschließen Sie sich dazu, brauchen Sie das einfache Zeugnis nicht zurückzugeben.

Checkliste: So prüfen Sie ein qualifiziertes Zeugnis		
Ja	**Nein**	
☐	☐	Trägt das Zeugnis eine Überschrift?
☐	☐	Sind Ihr Vor- und Nachname, gegebenenfalls auch Ihr Geburtsname korrekt geschrieben?
☐	☐	Stimmen die Angaben zum Geburtsdatum und Geburtsort?
☐	☐	Bei einem akademischen Titel: Ist er berücksichtigt?

noch: Checkliste: So prüfen Sie ein qualifiziertes Zeugnis

Ja	Nein	
☐	☐	Sind Beginn und Ende des Arbeitsverhältnisses korrekt angegeben?
☐	☐	Ist die von Ihnen ausgeübte Tätigkeit vollständig und genau beschrieben?
☐	☐	Wenn Sie über spezielle Fachkenntnisse und besondere Erfahrungen verfügen: Sind diese im Zeugnis angemessen berücksichtigt?
☐	☐	Sind Ihre Leistungen ausführlich und richtig beurteilt?
☐	☐	Entsprechen die Angaben zur Führung im Dienst den Tatsachen?
☐	☐	Bei Vorgesetztentätigkeit: Ist Ihre Führungsfähigkeit korrekt beurteilt?
☐	☐	Wird der Grund für die Beendigung des Arbeitsverhältnisses genannt?
☐	☐	Äußert Ihr Arbeitgeber sein Bedauern über Ihr Ausscheiden aus dem Arbeitsverhältnis?
☐	☐	Dankt Ihnen Ihr Arbeitgeber für die geleisteten Dienste?
☐	☐	Enthält die Schlussformulierung Wünsche des Arbeitgebers für Ihre berufliche Zukunft?
☐	☐	Sind Ort und Datum der Zeugnisausstellung genannt?
☐	☐	Ist das Zeugnis von dem Firmenchef oder einer vertretungsberechtigten Person unterschrieben?
☐	☐	Wurde das Zeugnis auf dem üblichen Firmenbogen geschrieben?

Muster eines qualifizierten Zeugnisses

Zeugnis

Frau Silke Meier, geboren am 12. Januar 1978 in Köln, war in der Zeit vom 1. Oktober 2000 bis 31. Januar 2008 als Krankenschwester bei uns tätig.

Schwester Silke wurde auf der Kinderstation eingesetzt. Ihr Tätigkeitsbereich umfasste die Grund- und Behandlungspflege, die Assistenz bei ärztlichen Eingriffen, die Wartung und Pflege aller Geräte und Instrumente sowie die Bestellung von Medikamenten und Hilfsmitteln.

Schwester Silke beherrscht ihren Aufgabenbereich umfassend. Sie arbeitete stets mit großer Sorgfalt und Genauigkeit und bewies in einem hohen Maße Verantwortungsbewusstsein. Sie hat unseren Erwartungen voll entsprochen.

Wegen ihrer freundlichen und zuvorkommenden Art war sie bei ihren Vorgesetzten und Kollegen beliebt. Im Umgang mit den Kindern und ihren Familienangehörigen bewies sie immer wieder großes Einfühlungsvermögen. Wenn die Situation es erforderte, war sie stets bereit, persönliche Interessen zurückzustellen.

Dieses Zwischenzeugnis wird auf Wunsch von Schwester Silke ausgestellt.

____

(Ort, Datum, Unterschrift)

Die wichtigsten Kriterien für ein Zwischenzeugnis

Der Anspruch auf Erteilung eines Zeugnisses entsteht grundsätzlich erst bei Beendigung des Arbeitsverhältnisses. Es gibt keine gesetzliche Vorschrift, die den Arbeitgeber verpflichtet, auch während eines bestehenden Arbeitsverhältnisses ein Zeugnis auszustellen. Lediglich einige Tarifverträge sehen vor, dass aus triftigen Gründen auch während des Arbeitsverhältnisses ein Zeugnis verlangt werden kann.

In der Praxis ist allerdings anerkannt, dass Sie als Arbeitnehmer unter bestimmten Voraussetzungen auch bei (fort-)bestehendem Arbeitsverhältnis ein Zeugnis beanspruchen können. Dieses heißt dann Zwischenzeugnis. In folgenden Fällen können Sie ein Zwischenzeugnis verlangen:

- Ihr Arbeitgeber will Ihnen demnächst kündigen, oder die Beendigung des Arbeitsverhältnisses liegt auch in Ihrem Interesse. Der Anspruch auf ein Zwischenzeugnis folgt hier bereits aus der Fürsorgepflicht Ihres Arbeitgebers, der Ihnen die erforderlichen Arbeitspapiere für Ihre Bewerbungen zur Verfügung stellen muss. Dazu zählt insbesondere das Zwischenzeugnis.

- Sie wollen an Fortbildungsveranstaltungen teilnehmen (Abendschule, Fernlehrgang) oder eine Fach- beziehungsweise Hochschule besuchen. Für die Anmeldung/Zulassung benötigen Sie ein aktuelles Zeugnis Ihres gegenwärtigen Arbeitgebers.

- Sie werden innerhalb des Betriebes Ihres Arbeitgebers in eine andere Abteilung versetzt. Der Anspruch auf ein Zwischenzeugnis besteht insbesondere dann, wenn Sie künftig eine andersartige Tätigkeit ausüben oder wenn Sie einen neuen Vorgesetzten bekommen. Aber auch dann, wenn Ihr Vorgesetzter wechselt, während Sie selbst an Ihrem bisherigen Arbeitsplatz bleiben, können Sie ein Zwischenzeugnis verlangen.

- Das Unternehmensgefüge ändert sich. Beispiel: Zwei Firmen werden zusammengeschlossen. Das hat vor allem auf das Arbeitsverhältnis von leitenden Angestellten Auswirkung.
- Sie unterbrechen die Arbeit für längere Zeit. Das ist etwa bei der Einberufung zum Wehr- oder Zivildienst der Fall. Entsprechendes gilt bei Antritt des Erziehungsurlaubs oder Übernahme eines politischen Mandats.
- Sie wollen den Arbeitsplatz wechseln und benötigen ein aktuelles Zeugnis Ihres Arbeitgebers, um sich für eine andere Stelle bewerben zu können.

Praxis-Tipp:

Wenn die Voraussetzungen vorliegen, um ein Zwischenzeugnis verlangen zu können, empfiehlt es sich dringend, von dieser Möglichkeit Gebrauch zu machen. Wie die Praxis zeigt, fallen Zwischenzeugnisse oftmals besser aus als die Zeugnisse, die bei Beendigung des Arbeitsverhältnisses erteilt werden. Der Grund: Zahlreiche Arbeitgeber nutzen ein Zwischenzeugnis dazu, Ihre Mitarbeiter durch eine besonders wohlwollende Beurteilung zu motivieren beziehungsweise dadurch im Betrieb zu halten.

Wichtig: Scheiden Sie zu einem späteren Zeitpunkt aus dem Arbeitsverhältnis aus, haben Sie keinen Anspruch darauf, dass Ihr Arbeitgeber bei dem dann auszustellenden Zeugnis exakt die Formulierungen aus dem früher erteilten Zwischenzeugnis übernimmt. Allerdings hat das Zwischenzeugnis eine starke „Indizwirkung". Das gilt insbesondere dann, wenn das Zwischenzeugnis nicht älter als etwa ein bis zwei Jahre ist. Will Ihr Arbeitgeber in einem solchen Fall von den Beurteilungen im Zwischenzeugnis abweichen, muss er dafür triftige Gründe nennen.

Muster eines Zwischenzeugnisses

Zeugnis

Frau Katrin Schütze, geborene Marquardt, geboren am 14. Mai 1975 in Saarbrücken, war in der Zeit vom 1. Juli 2000 bis 31. Januar 2008 als kaufmännische Mitarbeiterin in unserem Unternehmen tätig.

Ihr Aufgabengebiet in der Sparte Wärme-Tank-Technik umfasste folgende Arbeiten:

- Entgegennahme und Weiterleitung von Telefonaten
- Rechnungserstellung
- Belegvorbereitung
- Führen der Wartungskartei
- Kontrolle der Eingangsrechnungen auf Vollständigkeit
- allgemeine Büro-/Sekretariatsarbeiten
- allgemeiner Schriftwechsel

Frau Schütze war eine verantwortungsbewusste, gründliche und gewissenhafte Mitarbeiterin, die die ihr übertragenen Arbeiten mit Eifer und Interesse zu unserer vollsten Zufriedenheit erledigte.

Sie war eine belastbare Mitarbeiterin, die stets zuvorkommend und hilfsbereit, auch außerhalb der normalen Dienstzeit, ihre Aufgaben verrichtete.

Das Verhalten gegenüber Vorgesetzten, Kunden und Kollegen war stets einwandfrei.

Dieses Zwischenzeugnis erstellen wir Frau Schütze auf ihren eigenen Wunsch.

____

(Ort, Datum, Unterschrift)

Worauf Sie bei einem Ausbildungszeugnis achten müssen

Auch Auszubildende haben Anspruch auf Erteilung eines Zeugnisses. Dieses ist ihnen bei Beendigung des Ausbildungsverhältnisses auszustellen. Das einfache Ausbildungszeugnis enthält Angaben über die Person des Auszubildenden sowie die Dauer und das Ziel der Ausbildung.

Außerdem muss das Zeugnis Aussagen über den Ausbildungsverlauf und die Aufgabenbereiche des Auszubildenden enthalten. So sind zum Beispiel auch die einzelnen Abteilungen oder Stationen, die der Auszubildende durchlaufen hat, aufzuführen.

In Anlehnung an das qualifizierte Arbeitszeugnis enthält auch das qualifizierte Ausbildungszeugnis Angaben über die Führung und Leistung des Auszubildenden. Angaben hierzu müssen allerdings nur dann in das Ausbildungszeugnis aufgenommen werden, wenn der Auszubildende dies ausdrücklich verlangt.

In der Praxis ist es weit verbreitet, dass erfahrene Ausbilder Beurteilungen über Führung und Leistung schon immer von sich aus mit in das Ausbildungszeugnis aufnehmen, sofern der Auszubildende dem nicht ausdrücklich widerspricht. Diese Ausbilder nehmen ihre Fürsorgepflicht gegenüber dem Auszubildenden besonders ernst: Sie wissen, dass den Bewerbern gegenüber oftmals erhebliche Vorbehalte bestehen, wenn das Ausbildungszeugnis keine Angaben über Führung und Leistung enthält.

Kriterien, auf die es für Sie entscheidend ankommt

4

Das sollten Sie wissen!

Sie können von Ihrem Arbeitgeber verlangen, dass er Ihnen nicht nur ein inhaltlich zutreffendes, sondern vor allem auch formal korrektes Zeugnis ausstellt. Bei der Erteilung des Zeugnisses muss Ihr Arbeitgeber nicht nur eine bestimmte äußere Form einhalten. In der Praxis ist es außerdem auch üblich, ein bestimmtes Gliederungsschema einzuhalten. Die wichtigsten Praxis-Tipps hierzu lesen Sie in diesem Kapitel. Achten Sie bei einem qualifizierten Zeugnis vor allem auf folgende Merkmale:

- äußere Form
- Überschrift
- Einleitung
- Beschreibung Ihrer Tätigkeit
- Beurteilung Ihrer Arbeitsleistung
- Beurteilung Ihres sozialen Verhaltens
- Schlussformulierung
- Ort/Datum/Unterschrift
- besondere Zeichen

Äußere Form

Das Arbeitszeugnis muss grundsätzlich schriftlich erteilt werden. „Schriftlich" meint in diesem Zusammenhang mit der Schreibmaschine oder – wie es immer häufiger der Fall ist – mit dem Computer. Ein handschriftlich gefertigtes Zeugnis können Sie zurückweisen.

Ebenso wenig müssen Sie ein Zeugnis akzeptieren, das auf Blankobogen erstellt und lediglich mit dem Firmenstempel versehen wurde. Sie haben Anspruch darauf, dass das Arbeitszeugnis auf dem üblichen Firmenbogen geschrieben wird. Ferner ist selbstverständlich, dass das Arbeitszeugnis nicht nachträglich verbessert oder geändert werden darf. Bei Einfügungen, Streichungen oder sonstigen Korrekturen haben Sie einen Anspruch darauf, dass das ganze Zeugnis neu geschrieben wird.

Enthält das Zeugnis Schreibfehler, so haben Sie Anspruch auf Ausstellung eines neuen, fehlerlosen Zeugnisses. Ausnahme: Es handelt sich um einen völlig belanglosen Schreibfehler. Dann müssen Sie das Zeugnis so hinnehmen, wie es ist.

Beispiel:

Statt „integres" Verhalten heißt es im Zeugnis „integeres" Verhalten. Bei einem derartigen Schreibfehler besteht kein Anspruch auf Erteilung eines neuen Zeugnisses.

Praxis-Tipp:

Sie können verlangen, dass das Zeugnis auf einem Firmenbogen in DIN A 4-Größe geschrieben ist und nicht geknickt wird. Außerdem darf das Zeugnis nicht verschmutzt oder beschädigt sein.

Überschrift

Es ist allgemein üblich, aber nicht zwingend erforderlich, dass das Arbeitszeugnis mit der Überschrift „Zeugnis" versehen ist. Das Arbeitszeugnis kann als Ausdruck besonderer Wertschätzung auch in Form eines Briefes gestaltet sein. Ebenso ist es vertretbar, das Zeugnis in Form einer tabellarischen Aufzählung ähnlich einem Lebenslauf zu erteilen. Letzteres kommt allerdings (noch) sehr selten vor. In den meisten Fällen ist das Arbeitszeugnis mit „Zeugnis", „Arbeitszeugnis", „Zwischenzeugnis" beziehungsweise „Ausbildungszeugnis" überschrieben.

Einleitung

In den ersten Absatz des Zeugnisses gehören folgende Angaben:

- Vor- und Nachname
- Geburtsdatum und -ort
- Dauer des Arbeitsverhältnisses

Beachten Sie dazu noch Folgendes: Hat sich der Nachname, beispielsweise durch Eheschließung, verändert, muss auch der Geburtsname mit aufgeführt werden. Anders als betriebliche Titel, wie etwa Prokurist, müssen akademische Titel (Beispiel: Dr.) immer mit angegeben werden, da diese Bestandteil des Namens sind. Außerdem versteht es sich von selbst, dass Arbeitnehmer mit „Herr" und Arbeitnehmerinnen mit „Frau" bezeichnet werden.

Die Einleitung eines Arbeitszeugnisses kann also beispielsweise wie folgt lauten:

> Frau Angelika Matthiesen, geboren am 26. September 1952 in Hamburg, war in der Zeit vom 1. Februar 1987 bis 31. Januar 2008 als Lohnbuchhalterin in unserem Unternehmen tätig.

Haben Sie beispielsweise längere Zeit in einem Unternehmen gearbeitet und waren Sie während dieser Zeit in verschiedenen Funktionen tätig, wird im Zeugnis die Funktion erwähnt, in der Sie zuletzt tätig waren. Dazu folgendes Formulierungsbeispiel:

> Herr Hans Hansen, geboren am 29. Juli 1967 in Bremen, war vom 1. April 2000 bis 31. Januar 2008 in unserem Unternehmen beschäftigt. Zuletzt war er als Leiter unserer Abteilung „Materialeinkauf" tätig.

Beschreibung Ihrer Tätigkeit

Der Arbeitgeber muss die Aufgaben aufzählen, die Sie ausgeführt haben. Die von Ihnen wahrgenommenen Aufgaben muss er so vollständig und genau angeben, dass sich ein Dritter beim Lesen des Zeugnisses ein klares Bild über Ihren bisherigen Tätigkeitsbereich machen kann. Lesen Sie dazu folgendes Beispiel aus dem Arbeitszeugnis für eine Sekretärin:

> Zu ihrem Aufgabenbereich zählte die Korrespondenz in deutsch, spanisch und französisch, die Beantwortung von Anfragen unserer europäischen Vertriebspartner, die Bearbeitung aller eingehenden Post sowie die Vorbereitung von Seminaren und Konferenzen.

Grundsätzlich gilt: Je verantwortungsvoller Ihre Tätigkeit war, desto detaillierter muss Ihr Arbeitgeber Ihren Tätigkeitsbereich beschreiben. Allerdings haben Sie keinen Anspruch darauf, dass eine umfangreiche Stellenbeschreibung vollständig in das Zeugnis übernommen wird. Haben Sie eine Vielzahl von Aufgaben wahrgenommen, sollten Sie Ihrem Arbeitgeber unter Umständen empfehlen, Ihre Aufgaben in tabellarischer Form aufzuführen. Das liest sich oftmals leichter und ist in der Praxis auch weit verbreitet.

Beurteilung Ihrer Arbeitsleistung

Dieser Abschnitt ist neben der Tätigkeitsbeschreibung der wichtigste Teil eines jeden Arbeitszeugnisses. Hier hat Ihr Arbeitgeber Ihre Fähigkeiten und Kenntnisse sowie Ihre Arbeitsbereitschaft, Ihre Arbeitsweise und Ihre Arbeitserfolge zu bewerten.

Die Formulierungen sind allein Sache Ihres Arbeitgebers. Er hat einen – gerichtlich nachprüfbaren – Beurteilungsspielraum. Die wichtigsten Einzelheiten hierzu sind in Kapitel 3 erwähnt. Was typische Zeugnisformulierungen über die Leistungsbeurteilung im Klartext bedeuten, können Sie im nachfolgenden Kapitel 5 lesen.

Beurteilung Ihres sozialen Verhaltens

Hier geht es um Ihre Führung, die Einhaltung der Betriebsordnung und vor allem um Ihr Verhältnis zu Vorgesetzten und Kollegen, aber auch zu Kunden und Geschäftspartnern. Angaben über das Sozialverhalten sind heute unverzichtbarer Bestandteil eines aussagekräftigen Arbeitszeugnisses.

Auch für die Beurteilung des sozialen Verhaltens hat sich eine regelrechte Zeugnissprache entwickelt. Wie Sie die in der Praxis üblichen Zeugnisformulierungen entschlüsseln, lesen Sie in Kapitel 6.

Praxis-Tipp:

Achten Sie darauf, dass Ihr Arbeitgeber Ihr Verhalten sowohl gegenüber Vorgesetzten als auch immer gegenüber Kollegen beurteilt. Fehlt im Zeugnis ein Hinweis darauf, dass Sie kollegial sind, lässt dies darauf schließen, dass Sie mit Ihren Kollegen Differenzen hatten. Wird dagegen ausschließlich Ihre Kollegialität herausgestellt, deutet dies darauf hin, dass zwischen Ihnen und Ihrem/Ihren Vorgesetzten Meinungsverschiedenheiten bestanden.

Schlussformulierung

Die Schlussformulierung, die in ihrer Bedeutung oftmals unterschätzt wird, ist alles andere als eine unwichtige Floskel. An dieser Stelle des Zeugnisses finden sich Angaben zur Beendigung des Arbeitsverhältnisses, der Dank für die geleistete Mitarbeit und die Wünsche für die berufliche Zukunft des ausscheidenden Arbeitnehmers.

Der Grund für die Beendigung des Arbeitsverhältnisses ist für jeden Zeugnisleser von besonderem Interesse. Wie die Praxis zeigt, entsprechen allerdings gerade die Angaben hierzu bei weitem nicht immer den Tatsachen. Vor allem die Formulierung „Herr/Frau … verlässt uns auf eigenen Wunsch" wird häufig auch dann gebraucht, wenn die Initiative zur Beendigung des Arbeitsverhältnisses tatsächlich vom Arbeitgeber ausgegangen ist. Manch ein Arbeitgeber zeigt sich an dieser Stelle „wohlwollend", um einem sonst möglicherweise drohenden Rechtsstreit über das Zeugnis vorzubeugen.

Was die Angaben über den Grund für die Beendigung des Arbeitsverhältnisses wirklich wert sind, zeigt sich bei der so genannten Dankes-Formel. Bedankt sich der Arbeitgeber ausdrücklich für die geleistete Mitarbeit und bringt er sein Bedauern über das Ausscheiden des Mitarbeiters zum Ausdruck, kann davon ausgegangen werden, dass der Beendigung des Arbeitsverhältnisses tatsächlich eine Kündigung des Arbeitnehmers zugrunde liegt.

Fehlt dagegen jegliche „Danksagung" und bedauert der Arbeitgeber das Ausscheiden auch nicht, deutet dies darauf hin, dass der Arbeitnehmer das Unternehmen gerade nicht auf eigenen Wunsch verlässt.

Praxis-Tipp:

Haben Sie als Arbeitnehmer das Arbeitsverhältnis gekündigt, sollten Sie größten Wert darauf legen, dass auch der Grund für die Kündigung mit in das Zeugnis aufgenommen wird, um Fehlinterpretationen vorzubeugen.

Beispiel:

„Herr/Frau … verlässt uns auf eigenen Wunsch, um die ihm/ihr angebotene Position als Abteilungsleiter(in) in einem anderen Unternehmen anzutreten."

Ort, Datum, Unterschrift

Ausstellungsort ist in der Regel der Sitz des Unternehmens. Da Arbeitszeugnisse üblicherweise auf Firmenbögen geschrieben werden, nennt das Arbeitszeugnis schon deshalb immer auch den Ausstellungsort. Probleme kann es dagegen mit dem Ausstellungsdatum geben.

Grundsätzlich gilt: Es muss der Tag der tatsächlichen Zeugniserstellung angegeben werden. Eine Rückdatierung des Zeugnisses kommt grundsätzlich nicht in Betracht. Das bedeutet: Verlangen Sie Ihr Zeugnis beispielsweise erst einige Wochen nach Beendigung des Arbeitsverhältnisses, dann können Sie von Ihrem Arbeitgeber nicht verlangen, dass er das Datum des Zeugnisses auf das tatsächliche Ende des Arbeitsverhältnisses zurückdatiert.

Wichtig: Kommt es über den Inhalt des Arbeitszeugnisses zu einem Arbeitsprozess und wird Ihr früherer Arbeitgeber verurteilt, Ihnen ein korrigiertes Arbeitszeugnis zu erteilen, muss auch das neue Zeugnis das ursprüngliche Datum tragen. Und auch dann, wenn der Arbeitgeber das Zeugnis von sich aus korrigiert, ohne dass es erst zu einem Gerichtsverfahren kommt, muss das geänderte Zeugnis das ursprüngliche Datum tragen.

Das Arbeitszeugnis muss unterschrieben sein, und zwar vom Firmenchef oder einer vertretungsberechtigten Person. Letzteres können beispielsweise der Personalleiter mit Prokura oder Handlungsvollmacht, der Leiter der Personalabteilung, der Betriebsleiter oder der Meister sein.

Praxis-Tipp:

Achten Sie darauf, dass sich die Vertretungsbefugnis des Unterschreibenden aus dem Zeugnis ergibt, zum Beispiel: ppa. für Prokurist. Da Unterschriften oftmals nur schwer lesbar sind, empfiehlt es sich außerdem, dass der/die Name/n des/der Unterschreibenden auch noch einmal in Maschinenschrift angegeben werden.

Besondere Zeichen

Dass Ihr Arbeitgeber das Arbeitszeugnis mit Geheimzeichen versieht, ist – selbstverständlich – unzulässig. Insbesondere ist es nicht erlaubt, Häkchen oder Striche zu verwenden, die auf Ihre Zugehörigkeit zu einer Gewerkschaft oder Ihre politische Einstellung hinweisen sollen. Wie bestimmte (unzulässige) Zeichen in der Praxis verstanden werden, zeigt folgende Übersicht:

Die Zeichen …	… und ihre Bedeutung
Häkchen (Ausrutscher) bei der Unterschrift nach links	Arbeitnehmer(in) ist Mitglied einer linksgerichteten Organisation
Häkchen (Ausrutscher) bei der Unterschrift nach rechts	Arbeitnehmer(in) ist Mitglied einer rechtsgerichteten Organisation
doppeltes Häkchen (Ausrutscher) nach links	Arbeitnehmer(in) ist Mitglied einer verfassungsfeindlichen Organisation
senkrecht verlaufender Strich links von der Unterschrift	Arbeitnehmer(in) ist Mitglied einer Gewerkschaft

Checkliste: So überprüfen Sie die Form und Gestaltung Ihres Arbeitszeugnisses

Ja	Nein	
☐	☐	Ist der Gesamteindruck des Zeugnisses ansprechend?
☐	☐	Ist das Zeugnis auf einem Firmenbogen geschrieben?
☐	☐	Ist das Zeugnis auf einem DIN-A4-Bogen geschrieben?
☐	☐	Nennt das Zeugnis das richtige Ausstellungsdatum?
☐	☐	Wurde das Zeugnis vom Firmenchef oder einer vertretungsberechtigten Person unterschrieben?

noch: Checkliste: Form und Gestaltung Ihres Arbeitszeugnisses

Ja	Nein	
☐	☐	Weist das Zeugnis Knicke, Beschmutzungen oder Beschädigungen auf?
☐	☐	Trägt das Zeugnis eine charakteristische Überschrift?
☐	☐	Ist das Gliederungsschema für ein (qualifiziertes) Zeugnis eingehalten?
☐	☐	Stimmen die Personalien?
☐	☐	Nennt das Zeugnis Beginn und Ende des Arbeitsverhältnisses?
☐	☐	Enthält das Zeugnis Angaben zu Ihrem Tätigkeitsbereich?
☐	☐	Werden im Zeugnis Ihre Führung und Leistung beurteilt?
☐	☐	Nennt das Zeugnis den Grund für Ihr Ausscheiden?
☐	☐	Äußert Ihr Arbeitgeber seinen Dank für Ihre Mitarbeit?
☐	☐	Äußert Ihr Arbeitgeber sein Bedauern über Ihr Ausscheiden?
☐	☐	Ist das Zeugnis vollständig?
☐	☐	Ist das Zeugnis unmissverständlich formuliert?
☐	☐	Hat das Zeugnis einen angemessenen Umfang?

Was Leistungsbeurteilungen im Klartext bedeuten

5

Das sollten Sie wissen!

Die Leistungsbeurteilung gehört zum Kernbestandteil eines qualifizierten Arbeitszeugnisses. Die Pflicht des Arbeitgebers zu wahren und zugleich immer auch wohlwollenden Bewertungen führt dazu, dass viele Formulierungen besser klingen, als sie gemeint sind. Die wahre Bedeutung einer Leistungsbeurteilung erschließt sich Ihnen erst, wenn Sie zwischen den Zeilen lesen können.

Einem Arbeitgeber, der mit seinem Mitarbeiter sehr zufrieden war und ihn gern in seiner Firma „behalten" hätte, wird es leicht fallen, ein (wirklich) gutes Zeugnis auszustellen. Weniger gute Leistungsbeurteilungen zeichnen sich durch den Verzicht auf bestimmte Worte oder Wortkombinationen aus. Das gezielte Weglassen bestimmter Aussagen ermöglicht den Arbeitgebern eine abgestufte Leistungsbeurteilung, die immer noch wohlwollend klingt, inhaltlich aber sehr negativ ist.

Beispiel:

Wenn es im Zeugnis heißt: „Er/Sie hat die ihm/ihr übertragenen Arbeiten stets zu unserer vollen Zufriedenheit erledigt", dann ist dies eine gute Beurteilung (= Schulnote 2). Steht dagegen im Zeugnis „er/sie hat die ihm/ihr übertragenen Arbeiten zu unserer Zufriedenheit erledigt", wird damit lediglich eine ausreichende Leistung (= Schulnote 4) bestätigt.

Eine umfassende Leistungsbeurteilung erstreckt sich auf folgende Leistungskriterien:

- Fachkenntnisse
- Leistungsbereitschaft/Eigeninitiative
- Leistungsfähigkeit/Belastbarkeit
- Arbeitsweise
- Arbeitserfolg

Außerdem gehört in ein qualifiziertes Arbeitszeugnis immer auch eine zusammenfassende Leistungsbeurteilung.

In diesem Kapitel finden Sie eine Vielzahl von Formulierungsbeispielen, wie sie in der Praxis weit verbreitet sind. Bei den Formulierungen ist jeweils vermerkt, welche Beurteilung sie darstellen.

Die Angaben orientieren sich dabei an dem Notensystem, wie es in der Schul- und Berufsausbildung üblich ist.

Dieses Kapitel enthält außerdem eine Übersicht über Formulierungen, die Sie besser mit Vorsicht genießen. Es handelt sich durchweg um verschlüsselte Aussagen, die teilweise äußerst negative Beurteilungen enthalten. In einer weiteren Übersicht finden Sie eine Zusammenstellung von Leistungsmerkmalen, die für ausgewählte Berufsgruppen typisch sind und mehr oder weniger ausführlich im Arbeitszeugnis erwähnt sein sollten.

Textbeispiele zur Fachkenntnis

Zeugnisformulierung	Beurteilung
Er/Sie verfügt über fundierte Fachkenntnisse, die er/sie in seinem/ihrem Aufgabengebiet erfolgreich einsetzte.	sehr gut
Er/Sie verfügt über eine sehr große Berufserfahrung und beherrscht seinen/ihren Aufgabenbereich vollkommen sicher.	sehr gut
Aufgrund seiner/ihrer Fachkenntnisse konnte er/sie wiederholt mit schwierigen Aufgaben betraut werden, die er/sie völlig selbstständig erfolgreich bearbeitete.	sehr gut
Aufgrund seiner/ihrer umfassenden Fachkenntnisse fand er/sie sich auch in neuen Situationen stets sicher zurecht.	sehr gut

noch: Zeugnisformulierung/Beurteilung

	Beurteilung
Er/Sie setzte seine/ihre umfassenden Fachkenntnisse erfolgreich ein.	gut
Er/Sie fand sich in neuen Situationen zurecht.	gut
Er/Sie arbeitete sicher und selbstständig.	gut
Er/Sie fand aufgrund seiner/ihrer fundierten Fachkenntnis praktikable Lösungen.	gut
Er/Sie zeigte gute Fachkenntnisse.	befriedigend
Er/Sie verfügt über fundierte Fachkenntnisse.	befriedigend
Er/Sie beherrscht seinen/ihren Aufgabenbereich umfassend.	befriedigend
Er/Sie setzte sein/ihr Fachwissen erfolgreich ein.	befriedigend
Er/Sie verfügte über das erforderliche Fachwissen.	ausreichend
Er/Sie beherrschte sein/ihr Aufgabengebiet stets entsprechend den Anforderungen.	ausreichend
Er/Sie hat sich die erforderlichen Grundkenntnisse angeeignet.	ausreichend
Er/Sie beherrschte seinen/ihren Aufgabenbereich entsprechend den Anforderungen.	mangelhaft
Er/Sie hat sich stets sehr fachkundig gezeigt.	mangelhaft
Er/Sie hat sich nach und nach Fachkenntnisse angeeignet.	mangelhaft

Textbeispiele zur Leistungsbereitschaft/Eigeninitiative

Zeugnisformulierung	Beurteilung
Er/Sie zeigte stets Initiative, großen Fleiß und Eifer.	sehr gut
Er/Sie zeichnete sich stets durch eine vorbildliche Arbeitsauffassung aus.	sehr gut
Er/Sie zeigte stets Eigeninitiative und beeindruckte durch seine/ihre große Einsatzbereitschaft.	sehr gut
Er/Sie führte alle Aufgaben mit großer Umsicht, großem Wissen und beachtlichem Engagement aus.	sehr gut
Er/Sie identifizierte sich mit seiner/ihrer Aufgabe und zeigte überdurchschnittliche Einsatzbereitschaft.	gut
Er/Sie arbeitete sich bereits innerhalb kurzer Zeit erfolgreich in sein/ihr neues Aufgabengebiet ein.	gut
Er/Sie zeigte Einsatzbereitschaft und Eigeninitiative.	befriedigend
Er/Sie zeigte Initiative, Fleiß und Eifer.	befriedigend
Er/Sie hatte eine gute Arbeitsauffassung.	befriedigend
Er/Sie führte seine/ihre Aufgaben mit Umsicht und Engagement aus und gab auch eigene Anregungen.	befriedigend
Er/sie zeigte Fleiß und Eifer.	ausreichend
Er/Sie hat den Anforderungen entsprochen.	ausreichend
Er/Sie führte die ihm/ihr übertragenen Aufgaben nach Anweisung aus.	ausreichend
Er/Sie war in der Lage, eigene Anregungen zu geben.	ausreichend
Er/Sie hat den Anforderungen im Wesentlichen entsprochen.	mangelhaft
Er/Sie arbeitete im Allgemeinen motiviert mit.	mangelhaft

Textbeispiele zur Leistungsfähigkeit/Belastbarkeit

Zeugnisformulierung	Beurteilung
Er/Sie besaß eine schnelle Auffassungsgabe und zeigte sich auch in schwierigen Situationen außerordentlich flexibel.	sehr gut
Er/Sie überzeugte dadurch, dass er/sie auch komplizierte Zusammenhänge schnell zutreffend erfasste und sofort richtige Lösungen fand.	sehr gut
Er/Sie löste die ihm/ihr übertragenen Aufgaben auch unter schwierigsten Arbeitsbedingungen.	sehr gut
Er/Sie hat eine gute Auffassungsgabe.	gut
Er/Sie erkannte auch in komplizierten Fällen das Wesentliche und fand schnell Lösungen.	gut
Er/Sie war auch starken Arbeitsbelastungen jederzeit gewachsen.	gut
Er/Sie zeigte sich bei Einarbeitung in neue Aufgabenbereiche flexibel und aufgeschlossen.	befriedigend
Er/Sie ist gut belastbar.	befriedigend
Seine/Ihre Ausdauer und Belastbarkeit entsprachen den Anforderungen.	ausreichend
Seine/Ihre Belastbarkeit war gleich bleibend ausreichend.	mangelhaft
Er/Sie zeigte sich im Allgemeinen belastbar.	mangelhaft

Textbeispiele zur Arbeitsweise

Zeugnisformulierung	Beurteilung
Er/Sie erledigte seine/ihre Aufgaben stets mit äußerster Sorgfalt und größter Genauigkeit.	sehr gut
Seine/Ihre Arbeitsweise genügte stets höchsten Ansprüchen.	sehr gut
Er/Sie arbeitete äußerst pflichtbewusst, stets zuverlässig und mit absoluter Diskretion.	sehr gut
Er/Sie erledigte seine/ihre Aufgabe stets mit großer Sorgfalt und Genauigkeit.	gut
Er/Sie arbeitete stets zuverlässig und gewissenhaft.	gut
Er/Sie zeigte sich pflichtbewusst und zuverlässig und war stets bereit, in großem Umfang Verantwortung zu übernehmen.	gut
Er/Sie erledigte seine/ihre Aufgaben stets mit Sorgfalt und Genauigkeit.	befriedigend
Er/Sie zeichnete sich durch eine gute Arbeitsweise aus.	befriedigend
Er/Sie arbeitete gewissenhaft und sehr selbstständig.	befriedigend
Er/Sie erledigte seine/ihre Aufgaben mit Sorgfalt und Genauigkeit.	ausreichend
Er/Sie erledigte seine/ihre Aufgaben korrekt und termingerecht.	ausreichend
Er/Sie erledigte seine/ihre Aufgaben im Allgemeinen mit Sorgfalt und Genauigkeit.	mangelhaft
Er/Sie war stets um eine sorgfältige Arbeitsweise bemüht.	mangelhaft

Textbeispiele zum Arbeitserfolg

Zeugnisformulierung	Beurteilung
Er/Sie fand stets optimale Lösungen, die er/sie kostengünstig in die Praxis umsetzte.	sehr gut
Auch in schwierigen Situationen fand er/sie stets optimale Lösungen.	sehr gut
Seine/Ihre Arbeitsqualität lag weit über den Anforderungen.	gut
Durch seine/ihre selbstständige und eigenverantwortliche Arbeit hat er/sie stets gute Arbeitsergebnisse erzielt.	gut
Er/Sie erwies sich als pflichtbewusste(r) und zuverlässige(r) Mitarbeiter(in), der/die seine/ ihre Aufgaben stets zügig und gut erledigte.	gut
Seine/Ihre Erledigung der Aufgaben entsprach stets den Anforderungen.	befriedigend
Seine/Ihre Arbeitsqualität war gut.	befriedigend
Die Qualität seiner/ihrer Arbeit genügte hohen Ansprüchen.	befriedigend
Die Qualität seiner/ihrer Arbeit entsprach den Erwartungen.	ausreichend
Er/Sie zeigte im Allgemeinen eine zufrieden stellende Arbeitsqualität.	ausreichend
Die Qualität seiner/ihrer Arbeit entsprach im Allgemeinen den Erwartungen.	ausreichend

Textbeispiele für eine zusammenfassende Leistungsbeurteilung

Zeugnisformulierung	Beurteilung
Er/Sie erledigte seine/ihre Aufgaben stets zu unserer vollsten Zufriedenheit.	sehr gut
Seine/Ihre Leistungen waren stets sehr gut.	sehr gut
Er/Sie arbeitete stets gewissenhaft und pflichtbewusst und erledigte sämtliche Arbeiten sehr gut.	sehr gut
Er/Sie hat unseren Erwartungen in jeder Hinsicht optimal entsprochen; wir waren mit ihm/ihr stets sehr zufrieden.	sehr gut
Er/Sie war äußerst pflichtbewusst, zuverlässig und verschwiegen und erledigte die ihm/ihr übertragenen Aufgaben immer zu unserer vollsten Zufriedenheit.	sehr gut
Seine/Ihre ausgezeichneten Leistungen haben unseren höchsten Ansprüchen jederzeit absolut entsprochen.	sehr gut
Er/Sie hat seine/ihre Aufgaben stets zu unserer vollen Zufriedenheit erfüllt.	gut
Seine/Ihre Leistungen waren sehr gut.	gut
Er/Sie erledigte seine/ihre Aufgaben gewissenhaft und pflichtbewusst und zu unserer vollsten Zufriedenheit.	gut
Seine/Ihre Leistungen fanden stets unsere volle Anerkennung.	gut
Wir waren mit seinen/ihren Leistungen immer sehr zufrieden.	gut

noch: Zeugnisformulierung/Beurteilung

Er/Sie hat unseren Erwartungen in jeder Hinsicht bestens entsprochen.	gut
Er/Sie hat die ihm/ihr übertragenen Arbeiten zu unserer vollen Zufriedenheit erledigt.	befriedigend
Wir waren mit seiner/ihrer Leistung jederzeit zufrieden.	befriedigend
Er/Sie hat unseren Erwartungen in jeder Hinsicht entsprochen.	befriedigend
Er/Sie erledigte seine/ihre Aufgaben stets pflichtbewusst und umsichtig, so dass wir mit seinen/ihren Leistungen voll zufrieden waren.	befriedigend
Er/Sie hat die ihm/ihr übertragenen Aufgaben zu unserer Zufriedenheit erledigt.	ausreichend
Wir waren mit seinen/ihren Leistungen zufrieden.	ausreichend
Er/Sie hat zufrieden stellend gearbeitet.	ausreichend
Er/Sie hat unseren Erwartungen entsprochen.	ausreichend
Seine/Ihre Leistungen haben unseren Anforderungen entsprochen.	ausreichend
Er/Sie hat die ihm/ihr übertragenen Arbeiten im Großen und Ganzen zu unserer Zufriedenheit erledigt.	mangelhaft
Seine/Ihre Leistungen entsprachen weitgehend unseren Erwartungen.	mangelhaft
Er/Sie erledigte die ihm/ihr übertragenen Aufgaben mit der ihm/ihr eigenen Sorgfalt und Genauigkeit.	mangelhaft
Er/Sie war stets bemüht, unseren Anforderungen gerecht zu werden.	mangelhaft

Zeugnisformulierungen, die Sie besser mit Vorsicht genießen

Diese Formulierung ...	... bedeutet im Klartext
Er/Sie hat sich im Rahmen seiner/ihrer Fähigkeiten eingesetzt.	Er/Sie hat getan, was er/sie konnte. Das war aber nicht viel – und viel ist dabei auch nicht herausgekommen.
Er/Sie hat alle Arbeiten mit großem Fleiß und Interesse erledigt.	Er/Sie war eifrig, aber eben nicht besonders tüchtig.
Er/Sie zeigte für seine/ihre Arbeit Verständnis.	Er/Sie war faul und hat nichts geleistet.
Er/Sie hat alle Arbeiten ordnungsgemäß erledigt.	Er/Sie ist ein(e) Bürokrat(in); Eigeninitiative ist ein Fremdwort.
Er/Sie war wegen seiner/ihrer Pünktlichkeit ein gutes Vorbild.	Er/Sie war ein Totalausfall; die Leistungen waren völlig unzureichend.
Die Aufgaben, die ihm/ihr übertragen waren, erledigte er/sie zu unserer Zufriedenheit.	Ihm/Ihr konnten nur bestimmte (leichte) Aufgaben übertragen werden.
Er/Sie hat sich stets um gute Verbesserungsvorschläge bemüht.	Er/Sie ist ein Besserwisser, der seine Fachkenntnisse (soweit vorhanden) nicht in die Praxis umsetzen kann.
Er/Sie hat gewissenhaft gearbeitet.	Er/Sie ist zur Arbeit gekommen, hat aber nichts geleistet.

Checkliste: Wird Ihre Arbeitsleistung im Zeugnis vollständig und richtig beurteilt?

Ja	Nein	
☐	☐	Enthält das Zeugnis Aussagen über Ihre Arbeitsbereitschaft?
☐	☐	Werden Ihre Fachkenntnisse angemessen gewürdigt?
☐	☐	Ist Ihre Arbeitsweise korrekt beschrieben?
☐	☐	Ist Ihre (besonders hohe) Belastbarkeit erwähnt?
☐	☐	Enthält das Zeugnis Aussagen zum selbstständigen Arbeiten und zur Eigeninitiative?
☐	☐	Ist Ihre Bereitschaft, Verantwortung zu übernehmen, korrekt wiedergegeben?
☐	☐	Wird Ihr Arbeitserfolg zutreffend gewürdigt?
☐	☐	Sind herausragende Erfolge, die Sie erzielt haben, erwähnt?
☐	☐	Ist Ihre Teilnahme an Fortbildungsveranstaltungen erwähnt?
☐	☐	Entspricht die Leistungsbeurteilung dem Umfang nach der Bedeutung der bislang ausgeübten Tätigkeit?
☐	☐	Werden im Zeugnis alle Leistungsmerkmale erwähnt, die Sie für notwendig halten?
☐	☐	Enthält das Zeugnis eine zusammenfassende Leistungsbeurteilung?

Checkliste: Wie Sie Ihre Leistungen selbst beurteilen					
Leistungsmerkmal	Benoten Sie sich selbst				
	1	2	3	4	5
Fachkenntnis					
Leistungsbereitschaft					
Eigeninitiative					
Leistungsfähigkeit					
Belastbarkeit					
Arbeitsweise					
Zusammenfassende Leistungsbeurteilung					

So entschlüsseln Sie Angaben über Ihr Sozialverhalten

6

Das sollten Sie wissen!

Ein Ihnen erteiltes Arbeitszeugnis ist erst dann wirklich aussagekräftig, wenn es auch eine Beurteilung Ihrer persönlichen Führung enthält. Abgesehen davon ist ohnehin gesetzlich vorgeschrieben, dass sich ein qualifiziertes Zeugnis immer auch zum Sozialverhalten des Arbeitnehmers äußern muss. Die Bedeutung der Zeugnisaussagen zum sozialen Verhalten werden oftmals völlig unterschätzt. Tun Sie die Angaben zu Ihrer persönlichen Führung nicht als bloße Floskel ab. Was die in der Praxis gebräuchlichsten Formulierungen im Klartext bedeuten, lesen Sie in diesem Kapitel.

Wie Sie die wichtigsten Formulierungen bewerten

Zeugnisformulierung	Beurteilung
Sein/Ihr Verhalten zu Vorgesetzten und Kollegen war stets vorbildlich.	sehr gut
Sein/Ihr Verhalten gegenüber Vorgesetzten und Mitarbeitern war immer einwandfrei.	sehr gut
Wegen seiner/ihrer stets verbindlichen und hilfsbereiten Art war er/sie bei seinen/ihren Vorgesetzten und Kollegen gleichermaßen geschätzt und beliebt.	sehr gut
Er/Sie hat unsere Kunden und Geschäftspartner stets sehr zuvorkommend und korrekt bedient.	sehr gut
Sein/Ihr Verhalten gegenüber unseren Kunden und Geschäftspartnern war stets vorbildlich.	sehr gut
Wegen seiner/ihrer freundlichen und zuvorkommenden Art war er/sie bei seinen/ihren Vorgesetzten und Kollegen gleichermaßen sehr geschätzt und beliebt.	sehr gut

noch: Zeugnisformulierung/Beurteilung

	Beurteilung
Sein/Ihr Verhalten gegenüber Vorgesetzten und Kollegen war vorbildlich.	sehr gut
Er/Sie war hilfsbereit.	gut
Im Umgang mit unseren Kunden bewies er/sie großes Geschick.	gut
Seine/Ihre Zusammenarbeit mit Vorgesetzten und Mitarbeitern war gut.	befriedigend
Wegen seiner/ihrer freundlichen und zuvorkommenden Art war er/sie bei seinen/ihren Vorgesetzten und Kollegen gleichermaßen beliebt.	befriedigend
Sein/Ihr persönliches Verhalten war insgesamt einwandfrei.	ausreichend
Seine/Ihre Zusammenarbeit mit seinen/ ihren Vorgesetzten und Kollegen war stets befriedigend.	ausreichend
Sein/Ihr Verhalten zu seinen/ihren Kollegen war einwandfrei (Achtung: Vorgesetzte werden nicht erwähnt).	ausreichend
Sein/Ihr Verhalten gegenüber unseren Kunden war nicht zu beanstanden.	ausreichend
Seine/Ihre Zusammenarbeit mit seinen/ihren Vorgesetzten und Kollegen war insgesamt zufrieden stellend.	mangelhaft
Er/Sie war stets um ein gutes Verhältnis zu seinen/ihren Kollegen und Vorgesetzten bemüht.	mangelhaft

Welche Formulierungen Sie besser mit Vorsicht genießen

Diese Formulierung ...	... bedeutet im Klartext
Im Kollegenkreis galt er/sie als toleranter Mitarbeiter.	Mit seinen Vorgesetzten hatte er/sie Probleme.
Durch seine/ihre Geselligkeit trug er/sie zur Verbesserung des Betriebsklimas bei.	Deutlicher Hinweis darauf, dass er/sie im Dienst Alkohol trank.
Für die Belange der Belegschaft bewies er/sie Einfühlungsvermögen.	Er/Sie suchte sexuelle Kontakte im Betrieb.
Er/Sie wusste sich gut zu verkaufen.	Er/Sie war rechthaberisch und tat wichtig.
Wir haben ihn/sie als zuverlässige(n) Mitarbeiter(in) kennen gelernt.	Er/Sie war nicht sehr beliebt.
Wir lernten ihn/sie als umgängliche(n) Kollegen/in kennen.	Im Allgemeinen sah man ihn/sie lieber gehen als kommen.

Checkliste: So prüfen Sie die Beurteilung Ihres Sozialverhaltens

Ja	Nein	
☐	☐	Ist Ihre persönliche Führung im Zeugnis beschrieben?
☐	☐	Ist Ihr Verhältnis zu Ihren Kollegen und Vorgesetzten korrekt beschrieben?
☐	☐	Ist Ihr Umgang mit Kunden und Geschäftspartnern zutreffend beurteilt?
☐	☐	Sind die Angaben zu Ihrem Sozialverhalten eindeutig und unmissverständlich?

Checkliste: Wie Sie sich selbst sehen					
Ihr Verhalten	Benoten Sie sich selbst				
	1	2	3	4	5
gegenüber Vorgesetzten					
gegenüber Kollegen					
gegenüber Kunden					
gegenüber Geschäftspartnern					
in sonstiger Hinsicht (zum Beispiel Teamarbeit)					

Was sich hinter der Schluss-formulierung wirklich verbirgt

7

Das sollten Sie wissen!

Die Schlussformulierung umfasst Angaben zur Beendigung des Arbeitsverhältnisses, die Dankes-Bedauerns-Formel sowie die Zukunftswünsche des Arbeitgebers für den ausscheidenden Mitarbeiter.

Wie bereits in Kapitel 4 erwähnt, kommt dem letzten Absatz des Zeugnisses eine wachsende Bedeutung zu. Wenn die Schlussformulierung nicht mit den übrigen Aussagen im Zeugnis korrespondiert, kann dies die Erfolgsaussichten einer Bewerbung unter Umständen erheblich senken.

Der Grund: Viele Personalchefs achten in Arbeitszeugnissen als erstes auf die Schlussformulierung. Bei einem wirklich guten Mitarbieter, den der frühere Arbeitgeber nur ungern „ziehen ließ“, enthält der letzte Absatz sämtliche Bestandteile der Schlussformulierung. War der frühere Arbeitgeber dagegen mit seinem Mitarbeiter weniger bis gar nicht zufrieden, fällt die Schlussformulierung betont knapp aus. Manche Arbeitgeber streichen sie dann auch schon mal ganz.

Sehr aufschlussreich ist auch, wie dem ausscheidenden Mitarbeiter für die geleistete Arbeit gedankt wird, wie der Arbeitgeber sein Bedauern über das Ausscheiden seines Mitarbeiters äußert und welche (guten) Wünsche den Mitarbeiter für die Zukunft begleiten. Worauf es für Sie in der Schlussformulierung ankommt, lesen Sie in diesem Kapitel.

Was die Angaben über das Ausscheiden wirklich bedeuten

Wenn Sie das Arbeitsverhältnis gekündigt haben, besteht selbstverständlich ein Anspruch darauf, dass dies auch im Zeugnis zum Ausdruck kommt. „Frau Jänicke verlässt unsere Firma auf eigenen Wunsch“ – einen Satz wie diesen sollten Sie in dieser Form niemals akzeptieren. Das gilt insbesondere auch dann, wenn Sie selbst das Arbeitsverhältnis gekündigt haben. Was auf den ersten Blick unverfänglich aussieht, wird Ihnen im Allgemeinen nachteilig ausgelegt.

Der Hinweis auf die Kündigung durch den Mitarbeiter ohne gleichzeitige Angabe der Begründung lässt jeden Personalchef misstrauisch werden. Fast immer wird eine solche Formulierung so verstanden, dass der Arbeitnehmer durch die eigene Kündigung einer Kündigung durch seinen Arbeitgeber zuvorgekommen ist.

Praxis-Tipp:

Wenn Sie als Arbeitnehmer das Arbeitsverhältnis kündigen, empfiehlt es sich dringend, darauf zu bestehen, dass im Arbeitszeugnis immer auch der Grund für die Kündigung erwähnt wird.

Frau Jänicke scheidet wegen eines Wohnortwechsels auf eigenen Wunsch bei uns aus.

oder

Frau Jänicke verlässt uns auf eigenen Wunsch, um sich selbstständig zu machen.

oder

Herr Meiernick verlässt unsere Firma auf eigenen Wunsch, weil seine Ehefrau nach ... versetzt wird.

Vorsicht ist auch dann geboten, wenn es im Arbeitszeugnis heißt:

Das Arbeitsverhältnis endete am ... im gegenseitigen Einvernehmen.

Eine solche Formulierung deutet auf eine Kündigung des Arbeitsverhältnisses durch den Arbeitgeber hin. Hinter einem solchen Hinweis verbirgt sich meistens eine personen- oder verhaltensbedingte Kündigung durch den Arbeitgeber. Oder aber diese Formulierung ist Bestandteil eines Aufhebungsvertrags, der auf Initiative des Arbeitgebers zustande gekommen ist. Daneben kommt es vor, dass sich Arbeitgeber und Arbeitnehmer im Rahmen eines Kündigungsschutzprozesses vor dem Arbeitsgericht auf einen Vergleich einigen, der dann unter anderem vorsieht, dass eine Formulierung dieses Inhalts in das Zeugnis aufgenommen wird.

Eine Formulierung, die sich im Allgemeinen ebenfalls nachteilig auswirken dürfte, lautet:

Das Arbeitsverhältnis endete am ... durch einvernehmliche Trennung.

Die Verwendung des Wortes „Trennung" signalisiert hier, dass die Aufhebung des Arbeitsverhältnisses auf Initiative des Arbeitgebers erfolgte. Eine Beendigung des Arbeitsverhältnisses, die tatsächlich im beiderseitigen Einvernehmen erfolgt, wird etwa durch folgende Formulierung dokumentiert:

Das Arbeitsverhältnis endete am ... in bestem Einvernehmen.

Achtung: Wird Ihnen ein Zwischenzeugnis erteilt, können Sie verlangen, dass darin auch der Grund für das Zwischenzeugnis mitgeteilt wird. Diese Mitteilung ersetzt dann die übliche Schlussformulierung in Endzeugnissen. Der abschließende Satz eines Zwischenzeugnisses kann beispielsweise wie folgt lauten:

Dieses Zwischenzeugnis wird Herrn Meyer anlässlich seiner Versetzung in die Abteilung „Ersatzteilbeschaffung" ausgestellt.

oder

Frau Jürgens bat um dieses Zwischenzeugnis, weil sie nach der Geburt ihres Kindes Elternzeit nehmen wird.

oder

Frau Hansen bat um dieses Zwischenzeugnis, da sich ihr Aufgabenbereich aufgrund einer Neuorganisation der Vertriebsabteilung unseres Unternehmens wesentlich ändern wird.

Was Sie aus der Dankes-Bedauerns-Formel herauslesen können

Auch hier gilt: Die Aussage an dieser Stelle muss mit den übrigen Angaben im Zeugnis korrespondieren. Feinsinnige Unterscheidungen in der Wortwahl können der jeweiligen Aussage eine ganz andersartige Bedeutung verleihen.

Wenn am Ende des Zeugnisses steht: „Wir danken für die Mitarbeit" oder „Wir danken für die langjährige Zusammenarbeit", dann dankt der Arbeitgeber einem Mitarbeiter, dessen Leistung gerade durchschnittlich war. Jedenfalls bedauert er das Ausscheiden dieses Mitarbeiters nicht. Andernfalls hätte er dies ausdrücklich mitgeteilt, etwa durch folgende Formulierung:

> Wir danken Frau Johannsen für ihre engagierte Mitarbeit und bedauern ihr Ausscheiden.

oder

> Wir danken Frau Humpe für die stets gute Zusammenarbeit und bedauern, dass wir diese engagierte Mitarbeiterin verlieren.

Durch derartige Formulierungen kommt zum Ausdruck, dass eine Mitarbeiterin ausscheidet, mit der der Arbeitgeber (mehr als) zufrieden war.

So bewerten Sie die Zukunftswünsche Ihres Arbeitgebers

Was Ihr Arbeitgeber wirklich von Ihnen hält, kommt auch darin zum Ausdruck, wie er seine Wünsche für Ihre persönliche und berufliche Zukunft im Arbeitszeugnis ausdrückt. Auch hier führen bereits kleine Abweichungen in der Formulierung dazu, dass die einzelnen Aussagen einen unterschiedlichen Inhalt haben.

Zunächst gilt: Hat der Arbeitgeber auf jeglichen Zukunftswunsch verzichtet, lässt dies darauf schließen, dass zwischen ihm und seinem Mitarbeiter erhebliche Differenzen bestehen.

Äußert der Arbeitgeber beispielsweise den Wunsch, dass sein Mitarbeiter in Zukunft seine Leistungsfähigkeit voll entfalten „kann" oder wünscht er ihm für die Zukunft „auch Erfolg", dann verabschiedet er einen Mitarbeiter, dem er im letzten Satz noch einmal eine mangelhafte Leistung bescheinigt.

Ganz anders verhält es sich dagegen, wenn im Zeugnis zum Schluss zu lesen steht: „Wir wünschen Frau Martens beruflich und persönlich alles Gute und weiterhin viel Erfolg." Mit einer solchen Formulierung wird eine hervorragende Mitarbeiterin verabschiedet. Es ist anzunehmen, dass der Arbeitgeber sie jederzeit wieder einstellen würde.

So setzen Sie Ihre Interessen erfolgreich durch

8

Das sollten Sie wissen!

In der Praxis kommt es im Zusammenhang mit der Erteilung eines Arbeitszeugnisses immer wieder zu Meinungsverschiedenheiten zwischen Arbeitgebern und den betroffenen Arbeitnehmern.

- Was gehört auf gar keinen Fall in ein Arbeitszeugnis?
- Wann muss ein Arbeitszeugnis geändert werden?
- Wann darf Ihr Arbeitgeber anderen Firmen Auskunft über Sie geben?

Die Antworten auf diese und andere wichtige Fragen rund um die Ausstellung eines Arbeitszeugnisses müssen Sie kennen, wenn Sie Ihre Interessen gegenüber Ihrem Arbeitgeber optimal wahren wollen. Die wichtigsten Bestimmungen und Praxis-Tipps hierzu lesen Sie in diesem Kapitel.

Welche Angaben im Arbeitszeugnis nichts zu suchen haben

Es gibt Vorgänge und Vorfälle, die sich im Rahmen des bestehenden Arbeitsverhältnisses ereignen und für eine Firma, bei der Sie sich bewerben, von (mehr oder weniger großem) Interesse sind. Das weiß auch Ihr (bisheriger) Arbeitgeber, der Ihnen das Arbeitszeugnis ausstellen soll. Es sind immer die gleichen Einzelfragen, die zu Meinungsverschiedenheiten zwischen den Beteiligten führen. Einzelheiten dazu bietet die folgende Zusammenstellung wichtiger Problempunkte.

Abmahnungen

Selbst wenn die Abmahnung berechtigt war, hat sie im Zeugnis nichts zu suchen. Sie darf dort grundsätzlich nicht erwähnt werden.

Alkoholgenuss

Ihr Privatleben geht Ihren Arbeitgeber grundsätzlich nichts an. Auch dann, wenn Sie während der Arbeitszeit gern einmal „einen trinken", darf dies nicht ausdrücklich im Zeugnis erwähnt werden. Ausnahme: Ihr Alkoholkonsum hatte konkrete Auswirkungen auf das Arbeitsverhältnis.

Beispiel:

Sie sind Berufskraftfahrer und Ihre Trunksucht bildet den Kündigungsgrund.

Betriebsratstätigkeit

Die Tätigkeit des Betriebsrats gehört grundsätzlich nicht in das Zeugnis. Ausnahme: Sie als Arbeitnehmer wünschen ausdrücklich, dass Ihre Betriebsratstätigkeit erwähnt wird. Sind Sie freigestellt, darf Ihr Arbeitgeber dies nur dann im Zeugnis erwähnen, wenn er wegen einer besonders langen Freistellung nicht mehr in der Lage ist, Ihre Führung und Leistung zu beurteilen und Sie selbst wegen der langen Freistellung dem Arbeitsplatz entfremdet sind.

Gehalt

Es versteht sich von selbst: Das Gehalt darf im Arbeitszeugnis nicht erwähnt werden, wenn es auch bei praktisch jedem Vorstellungsgespräch diskutiert wird.

Krankheit

Es ist grundsätzlich unzulässig, im Zeugnis Erkrankungen des Arbeitnehmers zu erwähnen oder auch nur anzudeuten. Das gilt auch dann, wenn eine Erkrankung des Arbeitnehmers zur Kündigung des Arbeitsverhältnisses geführt hat. Ausnahme: Die krankheitsbedingte Unterbrechung der Arbeitszeit dauert so lange, dass der Arbeitgeber zu einer abschließenden Leistungsbeurteilung nicht mehr in der Lage ist.

Kündigungsgründe

Die Kündigungsgründe dürfen im Arbeitszeugnis grundsätzlich nicht erwähnt werden. Allerdings hat sich im Laufe der Zeit eine stark ausgeprägte Zeugnissprache entwickelt, die deutlich erkennen lässt, wie und auf wessen Initiative ein Arbeitsverhältnis beendet wurde. Einzelheiten dazu finden Sie im Kapitel 7.

Nebentätigkeit

Im Arbeitszeugnis darf weder erwähnt noch angedeutet werden, ob und in welchem Umfang Sie Nebentätigkeiten ausüben.

Parteizugehörigkeit

Eine etwaige Parteizugehörigkeit ist Kernbestandteil Ihrer Privatsphäre. Angaben hierüber haben im Arbeitszeugnis nichts zu suchen. Auch im Vorstellungsgespräch darf nach einer Parteizugehörigkeit nicht gefragt werden.

Schwerbehinderung

Angaben hierzu dürfen nicht in das Arbeitszeugnis aufgenommen werden. Die Grundsätze zu „Krankheit" gelten hier entsprechend.

Straftaten

Sie dürfen im Arbeitszeugnis weder erwähnt noch angedeutet werden. Ausnahme: Eine Straftat hat sich auf das Arbeitsverhältnis ausgewirkt. Auch der Verdacht einer strafbaren Handlung darf selbst dann nicht im Zeugnis erwähnt werden, wenn er zur Entlassung geführt hat.

Vertragsbruch

Führt vertragsbrüchiges Verhalten des Arbeitnehmers dazu, dass er aus dem Arbeitsverhältnis ausscheidet, darf der Arbeitgeber dies im Arbeitszeugnis nicht erwähnen. Das gilt jedenfalls dann, wenn das vertragsbrüchige Verhalten für den Arbeitnehmer nicht charakteristisch oder typisch ist.

Wenn Sie das Arbeitszeugnis selbst formulieren wollen

Um allen Missverständnissen vorzubeugen: Ihre Tätigkeit muss im Zeugnis so genau und vollständig beschrieben werden, dass sich der neue Arbeitgeber ein klares Bild von Ihrer bisherigen Tätigkeit machen kann. Die Beurteilung Ihrer Führung und Leistung ist allerdings ausschließlich Sache Ihres Arbeitgebers. Sie können keine bestimmten Formulierungen im Zeugnis verlangen. Ihr Arbeitgeber hat insoweit einen Beurteilungsspielraum.

Unrichtige oder unvollständige Arbeitszeugnisse müssen Sie aber nicht hinnehmen. Bei der Tätigkeitsbeschreibung ist der Beurteilungsspielraum Ihres Arbeitgebers ohnehin weitaus geringer als bei der Beurteilung von Führung und Leistung.

Praxis-Tipp:

In vielen Fällen ist es heute bereits üblich, dass der Zeugnisentwurf mit dem betroffenen Mitarbeiter besprochen wird. Wo das nicht der Fall ist, empfiehlt es sich, das Arbeitszeugnis zum frühestmöglichen Zeitpunkt zu verlangen.

Außerdem bleibt es Ihnen unbenommen, einen eigenen Zeugnisentwurf vorzulegen. Je früher und intensiver Sie sich in die Ausstellung des Zeugnisses „einmischen“, desto besser wahren Sie Ihre Interessen.

Achtung: Soweit es um die Erteilung, die Form und den Inhalt des Arbeitszeugnisses geht, hat der Betriebsrat grundsätzlich kein Mitbestimmungsrecht. Das sollte Sie allerdings nicht daran hindern, den Betriebsrat einzuschalten, wenn Ihr Arbeitgeber sich weigert, ein Arbeitszeugnis auszustellen oder ein falsches Zeugnis zu korrigieren.

Wie Sie die Erteilung eines Zeugnisses erzwingen

Weigert sich Ihr Arbeitgeber, Ihnen ein Zeugnis zu erteilen, können Sie die Ausstellung des Zeugnisses über eine Klage vor dem Arbeitsgericht erzwingen. Je nachdem, welches Zeugnis Sie verlangen, ist der Klageantrag auf Erteilung eines einfachen beziehungsweise eines qualifizierten Zeugnisses oder eines Zwischenzeugnisses gerichtet.

Wichtig: Ihr Arbeitgeber hat kein Zurückbehaltungsrecht. Das bedeutet, dass er das Zeugnis nicht als Druckmittel zurückbehalten darf. Insbesondere auch dann nicht, wenn Sie noch Sachen besitzen, die dem Arbeitgeber gehören und die Sie ihm zurückgeben müssen, zum Beispiel Werkzeug. Hält Ihr Arbeitgeber das Zeugnis zurück, macht er sich unter Umständen schadenersatzpflichtig.

Wie Sie die Berichtigung eines Zeugnisses durchsetzen

Es ist ein alltäglicher Fall: Der Arbeitgeber hat ein Zeugnis erteilt, mit dem sein Mitarbeiter nicht zufrieden ist. Der Arbeitgeber weigert sich, das Zeugnis zu ändern. Es kommt zum Prozess.

Grundsätzlich gilt: Vor dem Arbeitsgericht können Sie auch Ergänzungen und Berichtigungen von Arbeitszeugnissen erzwingen. Sie müssen allerdings ganz genau vortragen, was konkret geändert werden soll. Das Arbeitsgericht ist berechtigt, das gesamte Zeugnis zu überprüfen und gegebenenfalls neu zu formulieren beziehungsweise dem Arbeitgeber einen bestimmten Zeugnisinhalt vorzuschreiben.

Wichtig: Um es noch einmal zu betonen: Erteilt der Arbeitgeber Ihnen als Arbeitnehmer auf Ihren Wunsch hin ein qualifiziertes Zeugnis, so haben Sie Anspruch darauf, dass er Ihre Leistung der Wahrheit gemäß beurteilt. Dabei hat der Arbeitgeber einen Beurteilungsspielraum, der von den Arbeitsgerichten nur beschränkt überprüfbar ist. Voll überprüfbar sind dagegen die Tatsachen, die der Arbeitgeber seiner Leistungsbeurteilung zugrunde gelegt hat. Hat der Arbeitgeber Ihnen insgesamt eine „durchschnittliche" Leistung bescheinigt und sind Sie damit nicht zufrieden, müssen Sie die Tatsachen darlegen und beweisen, aus denen sich eine bessere Beurteilung ergeben soll. Hat der Arbeitgeber Ihre Leistung als „unterdurchschnittlich" beurteilt, obliegt es dem Arbeitgeber, die seiner Beurteilung zugrunde liegenden Tatsachen darzulegen und zu beweisen.

Kommt es zu einem entsprechenden Urteil, muss der Arbeitgeber das Zeugnis so ausstellen, wie vom Gericht festgelegt. Dass es sich um eine vom Gericht vorgeschriebene Formulierung handelt, darf der Arbeitgeber dabei im Zeugnis weder erwähnen noch andeuten.

Praxis-Tipp:

Wenn ein Ihnen erteiltes Zeugnis unrichtig oder unvollständig ist, empfiehlt es sich, fachlichen Rat einzuholen, bevor Sie selbst tätig werden. Ihre Strategie muss sein, möglichst außergerichtlich zu Ihrem Recht zu kommen, um keine wertvolle Zeit zu verlieren.

Wenn bereits eine Kündigungsschutzklage anhängig ist, empfiehlt sich unter Umständen folgendes Vorgehen: Die meisten Kündigungsschutzprozesse enden mit einem Vergleich, das heißt, Arbeitgeber und Arbeitnehmer schließen einen Aufhebungsvertrag. In diese Vereinbarung nehmen Sie am besten auch eine Regelung mit auf, die Ihren Arbeitgeber dazu verpflichtet, Ihnen bis zu einem bestimmten Termin ein Arbeitszeugnis zu erteilen. Gegebenenfalls sollte auch gleich mit geregelt werden, wie Ihre Führung und Leistung beurteilt wird.

Wenn Sie eine Zweitausstellung Ihres Zeugnisses benötigen

Bei Verlust oder erheblicher Beschädigung des Zeugnisses können Sie von Ihrem Arbeitgeber verlangen, dass er Ihnen das Zeugnis noch einmal ausstellt. Das folgt aus seiner Fürsorgepflicht, die insoweit über die Beendigung des Arbeitsverhältnisses hinaus fortwirkt.

Wichtig: Der Arbeitgeber darf es nicht damit bewenden lassen, Ihnen eine Kopie des besagten Zeugnisses zu schicken. Selbst wenn die Kopie mit einem Beglaubigungsvermerk versehen ist, brauchen Sie diese nicht zu akzeptieren. Ihr Arbeitgeber muss Ihnen das Zeugnis nach Form und Inhalt ein zweites Mal erstellen.

Vorsicht: Wenn Sie den Verlust oder die Beschädigung des Zeugnisses selbst verschuldet haben, verlieren Sie Ihr Recht auf Ersatzausstellung. In diesem Fall sind Sie darauf angewiesen, dass Ihnen Ihr Arbeitgeber entgegenkommt.

Praxis-Tipp:

Machen Sie es sich zur Gewohnheit, das Original gleich nach Aushändigung mehrfach zu kopieren. Bewahren Sie das Original gut auf und verwenden Sie für Ihre Bewerbungen ausschließlich die Kopien.

20 Beispielfälle: Was von diesen Zeugnissen zu halten ist

9

Das sollten Sie wissen!

Sämtliche Zeugnisse wurden einem erfahrenen Praktiker zur Bearbeitung vorgelegt. Wie dieser Praktiker die Zeugnisaussagen versteht, ist jeweils im Anschluss an das betreffende Zeugnis abgedruckt.

Praxis-Tipp:

Lesen Sie die Zeugnisse in Ruhe und bilden Sie sich zunächst selbst eine Meinung. Vergleichen Sie (erst) dann Ihre Beurteilung mit dem Kommentar des Profis.

Zeugnis für einen Abteilungsleiter

Zeugnis

Herr Hartmut Schröder, geboren am 18. August 1964 in Hannover, trat am 1. Juli 1995 in unser Unternehmen ein. Ab 1. März 2001 betrauten wir ihn mit der Leitung unserer Abteilung Finanz- und Rechnungswesen.

Sein Aufgabengebiet hatte folgende Schwerpunkte:

- Bilanz einschließlich Gewinn- und Verlustrechnung
- Entwicklung des jährlichen Investitionsprogramms
- Vorbereitung der Budgetverhandlung Leistungs- und Kostenrechnung
- Leistungsabrechnung und Zahlungsverkehr
- Beratung der Geschäftsleitung in finanziellen Angelegenheiten

Herr Schröder verfügt über ein fundiertes Fachwissen, große analytische Fähigkeiten und einen ausgeprägten Leistungswillen. Er versteht es, neue Aufgabenstellungen zielgerichtet in Angriff zu nehmen und effizient zu lösen. Herr Schröder hat seine Aufgaben stets zu unserer vollen Zufriedenheit erledigt. Sein Verhalten gegenüber Vorgesetzten, Kollegen und Mitarbeitern war einwandfrei.

Herr Schröder verlässt unser Unternehmen auf eigenen Wunsch. Für seinen weiteren Berufsweg wünschen wir ihm alles Gute.

____

(Ort, Datum, Unterschrift)

Beurteilung: Dieses Zeugnis wird einen Personalleiter auf jeden Fall dazu veranlassen, sich bei dem Unternehmen, das das Zeugnis ausgestellt hat, über den Abteilungsleiter zu erkundigen. Es macht zumindest misstrauisch, dass kein Wort über die Unternehmensgröße, über die Abteilungsgröße (wie viele Mitarbeiter waren dem Abteilungsleiter unterstellt?) und über die eigene Unterstellung des Abteilungsleiters (direkt der Geschäftsleitung?) verloren wird. Dazu passt, dass er lediglich neue Aufgabenstellungen in Angriff nimmt und effizient löst, also offenbar Eigeninitiative nicht seine große Stärke ist.

Auch ist für einen Abteilungsleiter die Leistungsbewertung im fortlaufenden Text, also ohne einen eigenen Absatz, eher als dürftig und die Bewertung des Sozialverhaltens als „einwandfrei" eher als schlecht zu bezeichnen. Sein Führungsverhalten scheint so schlecht zu sein, dass es besser gar keine Erwähnung findet.

Im Ergebnis: Ein Zeugnis, das dem Mitarbeiter gegeben wird, damit er zufrieden ist, das tatsächlich aber nur eine durchschnittliche Bewertung enthält.

Zeugnis für eine Bankkauffrau

Zeugnis

Frau Sieglinde Pommerenk, geboren am 13. Oktober 1969 in Hameln, war in der Zeit vom 1. August 2000 bis 31. Januar 2008 als Kreditsachbearbeiterin in unserer Hauptfiliale in Hamburg-Neustadt tätig.

Ihr Aufgabenbereich umfasste folgende Tätigkeiten:

- Finanzierungsberatung
- Prüfung und Bearbeitung von Darlehensanträgen
- Erstellung von Zusagen für Hypotheken- und Zwischenkredite
- Bewertung von Beleihungsobjekten
- Bonitätsprüfung und Sicherheitsbeurteilung
- Korrespondenz in allen mit der Darlehensverwaltung zusammenhängenden Fragen.

Frau Pommerenk beeindruckte durch ihr Engagement und ihre Entscheidungsfreude. Sie arbeitete sehr gewissenhaft und übernahm regelmäßig auch die Beurteilung und Bearbeitung problematischer, anspruchsvoller Kreditengagements. Mit ihren Leistungen waren wir stets außerordentlich zufrieden.

Ihr Verhalten gegenüber Vorgesetzten und Kollegen war immer einwandfrei. Auch unsere Kunden schätzten sie als umsichtige Gesprächs- und Verhandlungspartnerin.

Frau Pommerenk verlässt uns auf eigenen Wunsch, um sich als Finanzberaterin selbstständig zu machen. Wir bedauern ihr Ausscheiden sehr und danken ihr für ihre vorbildliche Mitarbeit.

Wir wünschen Frau Pommerenk für ihren weiteren Berufs- und Lebensweg alles Gute und weiterhin viel Erfolg.

____

(Ort, Datum, Unterschrift)

Beurteilung: In diesem Zeugnis für eine Bankkauffrau fehlt nach dem Abschnitt über die Tätigkeitsbeschreibung eigentlich erst einmal eine Bewertung ihrer fachlichen Fähigkeiten. Stattdessen wird sofort das Engagement und die Entscheidungsfreude hervorgehoben, des Weiteren dann die sehr gewissenhafte Arbeit und auch die Bearbeitung anspruchsvoller Aufgaben.

Der Leser dürfte aber geneigt sein, der fehlenden Beurteilung der fachlichen Fähigkeiten keine Bedeutung zuzumessen, weil die anschließende Leistungsbeurteilung („stets außerordentlich zufrieden") allgemein nur den wirklich außergewöhnlich guten Leistungen vorbehalten bleiben soll.

Im Klartext heißt das, dass diese Mitarbeiterin eben noch besser als sehr gut, nämlich außergewöhnlich war. Da sie offenbar keine Führungsaufgaben hatte, ist auch die Beurteilung des Sozialverhaltens („einwandfrei") nicht zu beanstanden, genauso wenig wie die Bewertung des Verhaltens gegenüber den Kunden. Auch der Austrittsgrund ist nachvollziehbar und gibt keinen Anlass zu negativen Spekulationen.

Im Ergebnis: Ein sehr gutes Zeugnis.

Zeugnis für eine Buchhalterin

Zeugnis

Frau Anneliese Handke, geborene Wiechmann, geboren am 19. Oktober 1969, war vom 1. Januar 1995 bis 31. Januar 2008 als Buchhalterin in unserem Unternehmen tätig.

Ihr Aufgabenbereich umfasste die Lohn- und Gehaltsbuchhaltung für 26 Mitarbeiter. Ferner oblag ihr die Vorbereitung der Monats- und Jahresabschlüsse.

Frau Handke führte sämtliche Arbeiten EDV-gestützt durch. Ihre schnelle Auffassungsgabe und ihre guten EDV-Kenntnisse ermöglichten es ihr, die ihr obliegenden Arbeiten stets termingerecht abzuschließen. Frau Handke arbeitete immer sehr zielstrebig, selbstständig und verantwortungsbewusst. Frau Handke hat ihre Aufgaben stets zu unserer vollsten Zufriedenheit erfüllt. Ihr Verhalten gegenüber Vorgesetzten und Mitarbeitern war stets einwandfrei.

Frau Handke verlässt uns auf eigenen Wunsch, weil ihr Ehemann nach Berlin versetzt wird. Wir bedauern es sehr, dass Frau Handke ausscheidet und danken ihr für die langjährige, gute Mitarbeit. Für die Zukunft wünschen wir ihr persönlich und beruflich alles Gute.

____

(Ort, Datum, Unterschrift)

Beurteilung: Die Aufgabenbeschreibung für die Buchhalterin in dem Zeugnis ist korrekt und durch die Angabe der Mitarbeiterzahl kann sich der Leser auch eine ausreichende Vorstellung machen. Die Leistungsbewertung liest sich gut, als Personalchef hätte man bei einer Buchhalterin allerdings gerne einen Hinweis auf die Zuverlässigkeit gehabt. Hier wird eher hervorgehoben, dass sie termingerecht, zielstrebig und selbstständig arbeitete.

Andererseits wird allerdings auch das Vertrauen der Geschäftsleitung attestiert. Die Formulierung „stets zu unserer vollsten Zufriedenheit" stellt als solche eine gute bis sehr gute Leistungsbewertung dar. Angenehm fällt auf, dass eine Begründung („Ehemann geht nach Berlin") für den Austritt gegeben wird.

Im Ergebnis: Ein schlichtes, aber gutes Zeugnis.

Zeugnis für eine Bürogehilfin

Zeugnis

Frau Andrea Lübke, geboren am 27. Februar 1981 in Essen, war in der Zeit vom 1. April 1999 bis 31. Januar 2008 als Bürogehilfin in unserer Verkaufsabteilung tätig.

Zu ihrem Aufgabenbereich gehörte die Pflege der Kundenkartei, die Entgegennahme und Weiterleitung von Kundenaufträgen und die Erledigung leichter Sekretariatsarbeiten.

Frau Lübke führte die ihr übertragenen Aufgaben mit großem Fleiß und mit Interesse durch. Ihr Verhalten gegenüber Kollegen war korrekt.

Frau Lübke verlässt uns auf eigenen Wunsch. Für die Zukunft wünschen wir ihr alles Gute.

____

(Ort, Datum, Unterschrift)

Beurteilung: Angesichts der Beschäftigungsdauer, des Alters der Mitarbeiterin und der Art der Tätigkeit enthält das Zeugnis eine ausreichende Beschreibung der Tätigkeit der Mitarbeiterin. Negativ muss bewertet werden, dass das Zeugnis nichts über die handwerklichen Fähigkeiten der Mitarbeiterin, wie Maschinenschreiben, EDV o. Ä. enthält. Die Mitarbeiterin führte nur die „übertragenen" Aufgaben durch, d. h. sie suchte sich auf keinen Fall Arbeit selbst.

Die Formulierung „mit großem Fleiß und mit Interesse" bedeutet, sie war eifrig, aber nicht besonders tüchtig. Im Übrigen war sie weder eine angenehme, freundliche oder gar vorbildliche Mitarbeiterin, sondern im Sozialverhalten eben nur „korrekt".

Im Ergebnis: Lediglich befriedigendes Zeugnis, keine besondere Leuchte.

Zwischenzeugnis für eine Chefsekretärin

Zeugnis

Frau Gisela Müller, geborene Meier, geboren am 17. Januar 1976 in Düsseldorf, war in der Zeit vom 1. Januar 2000 bis 31. Januar 2008 als Chefsekretärin für den kaufmännischen Geschäftsführer unseres Unternehmens tätig. Ihr waren folgende Aufgaben übertragen:

- selbstständige Korrespondenz in deutsch, englisch und spanisch
- Vorbereitung von Sitzungen und Verkaufspräsentationen
- Reise- und Terminplanung

Frau Müller verfügt über gute fachliche Fähigkeiten und Kenntnisse. Besonders hervorzuheben sind ihre sehr guten französischen und spanischen Sprachkenntisse. Frau Müller arbeitet engagiert, selbstständig und stets zu unserer vollsten Zufriedenheit. Ihr Verhalten gegenüber Vorgesetzten und Kollegen war immer einwandfrei.

Frau Müller hat uns um dieses Zwischenzeugnis gebeten, da sie nach der Geburt ihres Kindes Erziehungsurlaub nehmen wird.

____

(Ort, Datum, Unterschrift)

Beurteilung: Die Chefsekretärin ist wie kein anderer Mitarbeiter die „Seele" eines jeden Betriebes. Deshalb ist gerade für ihr Zeugnis wichtig, dass die Persönlichkeit, die Belastbarkeit und die Fähigkeit, den generellen Überblick zu behalten, zum Ausdruck kommt.

Im vorliegenden Zeugnis fehlt das alles komplett und lässt entsprechende Rückschlüsse zu. Diese Rückschlüsse werden noch dadurch bestätigt, dass die „guten fachlichen Fähigkeiten" und im Besonderen nochmals die Sprachkenntnisse hervorgehoben werden. Dazu passt auch, dass ein einwandfreies Sozialverhalten attestiert wird, aber – mit Blick auf diese Position – auch nicht mehr. Warum werden nur ihre fachlichen Fähigkeiten gelobt, aber nicht ihre menschliche Kompetenz? Der Leser wird sich sicher sein, dass der Chef hier mit seiner Chefsekretärin als engster persönlicher Mitarbeiterin nicht zufrieden war.

Im Ergebnis: Gute Sachbearbeiterin, aber als Chefsekretärin nicht zu empfehlen.

Zeugnis für einen Controller

Zeugnis

Herr Peter Henkel, geboren am 26. April 1959 in Koblenz, war in der Zeit vom 1. November 2000 bis 31. Januar 2008 als Controller in unserem Hause tätig.

Seine Aufgabenschwerpunkte waren

- Weiterentwicklung eines aussagefähigen Informations- und Berichtssystems
- Mitwirkung beim Aufbau eines EDV-gestützten Kostenrechnungssystems
- aktuelle Analysen der Abweichungen und Erörterungen der Ergebnisse mit den verantwortlichen Stellen
- Mitwirkung bei den Planungs- und Budgetarbeiten
- Durchführung von Wirtschaftlichkeitsberechnungen für neue Projekte
- Analyse bestehender Verhältnisse und Arbeitsabläufe

Herr Henkel verfügt über ein konzeptionelles und analytisches Denkvermögen. Aufgrund seiner Arbeitsweise und seiner Berufserfahrung war er in der Lage, gute Lösungen zu finden. Seine Leistungen haben unseren Erwartungen entsprochen. Sein Verhalten gegenüber Mitarbeitern und Vorgesetzten war einwandfrei.

Das Ausscheiden von Herrn Henkel erfolgt im beiderseitigen Einverständnis. Wir danken ihm für seine Mitarbeit.

____

(Ort, Datum, Unterschrift)

Beurteilung: Die Tätigkeitsbeschreibung für den Controller ist umfassend und ausreichend. Sollte ein Personalchef aber erwägen, sich näher für diesen Kandidaten zu interessieren, so müsste er doch erst noch in dem Unternehmen anrufen und fragen, welche Größe das Unternehmen (Mitarbeiterzahl, Umsatz) hat. Diese Angaben sind für die Bewertung der Tätigkeit eines Controllers unerlässlich. Aber dazu dürfte es wohl kaum kommen: Dass der Controller über ein konzeptionelles und analytisches Denkvermögen verfügt, ist ja schön und gut, sagt aber jedem Leser nur, dass er in der Praxis völlig untauglich ist. Dass er in der Lage war, gute Lösungen zu finden, heißt, dass er getan hat, was er konnte, aber das war nicht viel!

Die Leistungsbewertung („hat unseren Erwartungen entsprochen") ist die klassische Formulierung dafür, dass die Leistungen schlecht waren. Da verwundert es auch nicht, dass das Ausscheiden dieses Controllers im beiderseitigen Einverständnis erfolgte, was in der Regel die Umschreibung dafür ist, dass das Unternehmen das Arbeitsverhältnis gekündigt hat. Letztlich wünscht das Unternehmen ihm nicht einmal für den weiteren Berufs- und Lebensweg alles Gute und viel Erfolg, woraus zwanglos geschlossen werden kann, dass man sich im Streit – wahrscheinlich sogar erst nach einer arbeitsgerichtlichen Auseinandersetzung – getrennt hat.

Im Ergebnis: Ein rundum schlechtes Zeugnis.

Zeugnis für eine Datentypistin

Zeugnis

Frau Maria Schümann, geborene Hertzig, geboren am 6. Februar 1968 in Duisburg, trat am 1. Oktober 2006 in die Schreibzentrale unseres Unternehmens ein.

Ihre Aufgaben bestanden in erster Linie darin, Kundenadressen, Telefonnummern und Artikelcodierungen einzugeben.

Frau Schümann erledigte ihre Aufgaben in jeder Hinsicht fleißig und zuverlässig. Hervorzuheben ist vor allem auch ihre Pünktlichkeit. Die ihr übertragenen Arbeiten erledigte sie innerhalb des vorgebenen Rahmens. Ihr persönliches Verhalten war insgesamt einwandfrei.

Wir wünschen ihr für die Zukunft alles Gute.

____

(Ort, Datum, Unterschrift)

Beurteilung: Die Tätigkeitsbeschreibung lässt erkennen, dass es sich um äußerst einfache Bürotätigkeiten handelte. Die fleißige und zuverlässige Erledigung dieser Aufgaben soll einen gewissen Eifer andeuten, mehr aber auch nicht. Die Hervorhebung der Pünktlichkeit verschärft dann allerdings den ersten Eindruck, denn das heißt, dass sie in jeder Hinsicht eine Niete war. Wenn man ausgerechnet die Pünktlichkeit, die eigentlich selbstverständlich ist, hervorhebt, dann will der Zeugnisschreiber damit sagen, dass es tatsächlich überhaupt nichts anderes Lobenswertes gibt.

Die Leistungsbewertung („erledigte sie innerhalb des vorgegebenen Rahmens") passt in das Bild, denn damit wird gesagt, dass sie getan hat, was sie konnte, aber das war eben nicht viel. Darüber hinaus muss diese Mitarbeiterin aber auch noch für ihre Kolleginnen und Vorgesetzten geradezu unerträglich gewesen sein, denn das Sozialverhalten wird lediglich als „insgesamt" einwandfrei bewertet. Da muss also einiges im Argen gelegen haben. Die Schlussfomel enthält dann auch weder einen Dank noch einen Hinweis darauf, wie das Arbeitsverhältnis zu Ende gegangen ist. Das lässt natürlich auch Raum für die Vermutung, dass es womöglich seitens der Firma fristlos gekündigt worden ist.

Im Ergebnis: Ein schlechtes Zeugnis.

Zeugnis für einen Elektromechaniker

Zeugnis

Herr Gerd Hoffmann, geboren am 29. Juli 1963 in Kiel, war in der Zeit vom 1. Februar 2000 bis 31. Januar 2008 als Elektromechaniker bei uns beschäftigt.

Bereits nach kurzer Einarbeitungszeit konnten wir Herrn Hoffmann als Service-Techniker für unsere gewerblichen Kunden im Großraum Hamburg einsetzen. Seine Tätigkeit umfasste den gesamten Bereich von der Installation über die Wartung bis hin zur Reparatur hochwertiger Heizkessel und Wassererwärmer.

Aufgrund seiner Fachkenntnisse gelang es Herrn Hoffmann, auch komplizierte Reparaturen selbstständig durchzuführen. Auch für Notfälle, die außerhalb seiner regulären Arbeitszeit auftraten, stand er stets zur Verfügung. Herr Hoffmann erledigte die ihm übertragenen Arbeiten stets zu unserer vollen Zufriedenheit. Sein Verhalten gegenüber Vorgesetzten, Kollegen und Kunden war immer einwandfrei.

Herr Hoffmann verlässt uns auf eigenen Wunsch, um sich selbstständig zu machen. Wir danken ihm für die gute Zusammenarbeit und bedauern sein Ausscheiden. Wir wünschen Herrn Hoffmann für die Zukunft alles Gute.

____

(Ort, Datum, Unterschrift)

Beurteilung: Für einen gewerblichen Mitarbeiter ein sehr schlüssiges und ausgewogenes Zeugnis. Die Tätigkeitsbeschreibung ist gut nachvollziehbar und passt sowohl zum Alter als auch zur Dauer der Beschäftigung. Als sehr positiv bei einem Service-Techniker ist zu bewerten, dass ausdrücklich erwähnt wird, dass der Mitarbeiter „auch komplizierte Reparaturen" selbstständig durchführte und für Notfälle außerhalb der regulären Arbeitszeit „stets" zur Verfügung stand. Es wäre übertrieben, wenn man hier etwas Negatives hineininterpretieren wollte.

Die Leistungsbewertung („stets zu unserer vollen Zufriedenheit") ist gut bis sehr gut und passt in diesem Fall zum gesamten Bild. Da der Mitarbeiter wahrscheinlich überwiegend als „Einzelkämpfer" tätig war, ist auch die Bewertung des Sozialverhaltens mit „einwandfrei" gut und ohne Beanstandung. Auch der Schlussabsatz ist aus sich heraus verständlich und enthält die Dankesformel und das Bedauern des Ausstellers.

Im Ergebnis: Ein gutes, solides Zeugnis für einen gewerblichen Mitarbeiter.

Zeugnis für eine Empfangssekretärin

Zeugnis

Frau Melissa Berger, geboren am 2. August 1967 in Kassel, war in der Zeit vom 1. März 2004 bis 31. Januar 2008 als Empfangssekretärin in unserer Agentur tätig.

Neben der Betreuung unserer Gäste und der Bedienung der Telefonanlage führte Frau Berger auch allgemeine Sekretariatsaufgaben aus. Ihre PC-Erfahrung und ihre englischen Sprachkenntnisse halfen ihr, sich in ihrem Aufgabenbereich sicher zurechtzufinden.

Frau Berger erwies sich als engagierte und motivierte Mitarbeiterin. Auch in hektischen Situationen bemühte sie sich um ein gleich bleibend freundliches Auftreten.

Frau Berger erledigte die ihr übertragenen Arbeiten stets ordnungsgemäß. Ihr persönliches Verhalten war korrekt.

Wir wünschen ihr für die Zukunft alles Gute.

____

(Ort, Datum, Unterschrift)

Beurteilung: Die Tätigkeitsbeschreibung für eine Empfangssekretärin fällt etwas kurz aus, könnte aber auch wohlwollend mit der Kürze des Arbeitsverhältnisses zu erklären sein. Aufschlussreicher ist dann schon der dritte Absatz des Zeugnisses, in dem die Worthäufung „engagiert", „motiviert" und „hektisch" auffällt. Der bemühte Leser fragt sich hier, wofür war die Mitarbeiterin engagiert und motiviert? Es fehlt deutlich ein Bezug zur Arbeitsleistung. Dass sich die Empfangssekretärin in hektischen Situationen „bemühte", ein gleich bleibend freundliches Auftreten zu wahren, ist in der Aussage völlig eindeutig: Sie bemühte sich eben nur, hat es aber nicht geschafft. Beide Sätze zusammen lassen das Bild der Mitarbeiterin vor dem geistigen Auge erscheinen: ein gutwilliges, aber leider immer aufgeregtes und überfordertes Wesen.

Die Leistungsbewertung („stets ordnungsgemäß") sagt traditionell, dass eine Bewertung kaum möglich ist, weil es sich um eine Bürokratin handelt, die keine Initiative entwickelt. Damit rundet sich das Bild: im Wesen aufgeregt und unbeherrscht, in der Arbeit sparsam. Es wundert dann auch nicht, dass das Sozialverhalten lediglich als „korrekt" zu bezeichnen ist und nicht nur eine Dankesformel fehlt, sondern auch ein Hinweis, wie das Arbeitsverhältnis zu Ende gegangen ist.

Im Ergebnis: Ein mäßiges Zeugnis, eine kritische Beurteilung, es muss genau überlegt werden, wofür man diese Mitarbeiterin einstellen will.

Zwischenzeugnis für eine Export-Sachbearbeiterin

Zeugnis

Frau Angelika Busch, geborene Spieß, geboren am 28. Februar 1965 in Hamburg, wurde am 1. August 2000 als Export-Sachbearbeiterin für das Zentralersatzteillager unseres Unternehmens tätig.

Ihr Tätigkeitsbereich umfasst die selbstständige Auftragsabwicklung für unsere Kunden im außereuropäischen Ausland in dem ihr vorgegebenen Rahmen. Hierzu gehören im Einzelnen die Exportabwicklung für Lieferanten ex Hamburg, die Rechnungserstellung, die Erstellung von Proformarechnungen, Ursprungszeugnissen sowie der Ausfuhrerklärungen.

Des Weiteren erledigt Frau Busch den gesamten anfallenden Schriftverkehr, insbesondere mit dem Zoll, den Lieferanten, Spediteuren und unseren Kunden. Der Schriftverkehr erfolgt in englischer Sprache.

Darüber hinaus ist Frau Busch für die Bearbeitung von Reklamationen zuständig; sie ist Ansprechpartnerin bei Kundenfragen und Kundenproblemen.

Frau Busch erledigt die ihr übertragenen Aufgaben zuverlässig, verantwortungsbewusst und stets zu unserer vollsten Zufriedenheit. Sie ist sich der Tragweite ihrer Verantwortung und ihrer Entscheidung immer voll bewusst. Frau Busch besitzt eine gute Auffassungsgabe mit der Eignung, sich rasch in neuen Situationen und Aufgaben zurechtzufinden.

Ihr Verhalten gegenüber Mitarbeitern und Vorgesetzten ist jederzeit freundlich und einwandfrei.

Dieses Zwischenzeugnis erstellen wir Frau Busch auf eigenen Wunsch.

____

(Ort, Datum, Unterschrift)

Beurteilung: Das Arbeitsverhältnis ist noch nicht beendet, die Export-Sachbearbeiterin bewirbt sich also aus einem bestehenden Arbeitsverhältnis heraus. Die Tätigkeitsbeschreibung umfasst alleine drei Absätze und scheint sehr gewissenhaft erfolgt zu sein. Die Leistungsbeurteilung („stets zu unserer vollsten Zufriedenheit") ist gut bis sehr gut, der Leser wird sich allerdings fragen, warum sie erst als „verantwortungsbewusst", dann als „der Tragweite ihrer Verantwortung" und dann noch „ihrer Entscheidung immer voll bewusst" bezeichnet wird. Will damit der Zeugnisschreiber etwa andeuten, dass das Gegenteil der Fall ist, oder wollte er diese Fähigkeit besonders hervorheben? In Verbindung mit der sehr guten Leistungsbewertung dürfte hier jedoch wohl die zweite Interpretation die richtige sein. Die Bewertung des Sozialverhaltens ist gut und durch die Erwähnung des „freundlich" eher noch leicht positiv zu bewerten.

Im Ergebnis: Ein gutes bis sehr gutes Zeugnis.

Zeugnis für eine kaufmännische Angestellte

Zeugnis

Frau Elke Schütz, geboren am 9. August 1968 in Lübeck, war vom 1. Dezember 2000 bis 31. Januar 2008 als kaufmännische Angestellte in unserem Unternehmen tätig.

Frau Schütz war in unserem Sekretariat beschäftigt. Ihr Aufgabengebiet umfasste sämtliche Sekretariatsarbeiten. Ein weiterer wesentlicher Teil ihres Aufgabenbereichs war die Bearbeitung eingegangener Aufträge und die Rechnungserstellung. Ferner wurden von Frau Schütz die Versandunterlagen für den Post- und Speditionsversand und Lieferscheine für Abholkunden angefertigt. Die vorstehenden Tätigkeiten erledigte sie zum großen Teil mit Hilfe der vorhandenen EDV-Anlage.

Wir lernten Frau Schütz als zuverlässige und sorgfältig arbeitende Mitarbeiterin kennen. Für die Einarbeitung in neue Aufgabenbereiche zeigte sie Verständnis. Die ihr übertragenen Arbeiten erledigte sie stets ordnungsgemäß. Ihr Verhalten gegenüber Vorgesetzten, Kollegen und Kunden war immer einwandfrei.

Frau Schütz verlässt uns auf eigenen Wunsch. Wir wünschen ihr für den weiteren Berufs- und Lebensweg alles Gute.

____

(Ort, Datum, Unterschrift)

Beurteilung: Die Tätigkeitsbeschreibung deutet auf ein relativ breites Einsatzgebiet der Mitarbeiterin hin. Durch die Beurteilung wird allerdings klar, dass sie „zuverlässig" und „sorgfältig" arbeitete, also Eigeninitiative nicht ihre Stärke war. Prompt heißt es weiter, dass sie für die Einarbeitung in neue Aufgaben „Verständnis" zeigte, also begeistert war sie davon nicht. Die „ordnungsgemäße" Erledigung der Aufgaben spricht für die Bürokratin, die keine Eigeninitiative entwickelt. Das passt hier ins Bild.

Im Ergebnis: Ein mittelmäßiges Zeugnis.

Zeugnis für eine Kontoristin

Zeugnis

Frau Christel Jacob, geborene Kunze, geboren am 16. März 1969 in Flensburg, war in der Zeit vom 1. Februar 2000 bis 31. Januar 2008 als Kontoristin in unserer Abteilung Verkauf-Inland tätig.

Frau Jacob hatte im Rahmen ihrer Tätigkeit Rechnungskontrollen durchzuführen, Versandpapiere und Lieferscheine anzufertigen sowie Standardbriefe nach Vorlage zu schreiben.

Zu ihren Aufgaben gehörte außerdem die Entgegennahme telefonischer Bestellungen. In Urlaubszeiten betrauten wir Frau Jacob in Vertretung ihrer Kollegen mit der Auftragsbearbeitung. Darüber hinaus bearbeitete sie auch außerhalb der Urlaubszeiten die Expressgutbestellungen überwiegend allein.

Frau Jacob hat die ihr gestellten und übertragenen Aufgaben zu unserer Zufriedenheit erledigt. Wir haben sie als angenehme Mitarbeiterin kennen gelernt, die von Vorgesetzten und Kollegen aufgrund ihres zurückhaltenden Wesens und höflichen Auftretens geschätzt wurde.

Frau Jacob verlässt uns auf eigenen Wunsch. Wir wünschen ihr für die Zukunft alles Gute.

____

(Ort, Datum, Unterschrift)

Beurteilung: Die Tätigkeitsbeschreibung entspricht dem Stellenwert der Aufgabe und ist ausreichend aussagekräftig. Positiv zudem die Erwähnung der Urlaubsvertretung. Die Leistungsbewertung (zu unserer Zufriedenheit) enthält die Bewertung „zufrieden stellend", also nicht etwa „gut". Die Betonung auf „gestellte" und „übertragene" Aufgaben besagt, dass sie aber auch nur das tat, was man ihr auftrug. Initiative ist nicht zu erwarten. Dazu passt auch der Hinweis im Sozialverhalten, dass sie ein „zurückhaltendes Wesen" besitzt. Also eine ruhige Sachbearbeiterin, die man nicht für höhere Aufgaben vorsehen sollte.

Im Ergebnis: Kein gutes Zeugnis, aber für bestimmte Positionen sicherlich zufrieden stellend.

Zeugnis für einen Kraftfahrer

<u>Zeugnis</u>

Herr Ferdinand Timmann, geboren am 12. März 1968 in Münster, war in der Zeit vom 1. Januar 2000 bis 31. Januar 2008 als Kraftfahrer bei uns beschäftigt.

Herr Timmann hat die Fahrerlaubnis für die Führerscheinklassen 2 und 3. Ihm oblag es, unseren Kunden die bestellten Baumaterialien zu liefern.

Herr Timmann ist ein sicherer und umsichtiger Fahrer, der die Verkehrs- und Sicherheitsvorschriften stets beachtet. Er war immer bemüht, die ihm erteilten Aufträge auszuführen. Für gelegentliche Überstunden hatte er Verständnis.

Herr Timmann verlässt unsere Firma auf eigenen Wunsch. Für die Zukunft wünschen wir ihm alles Gute.

____

(Ort, Datum, Unterschrift)

Beurteilung: Die Tätigkeitsbeschreibung ist ebenso kurz wie eindeutig: Kraftfahrer für Baumaterial. Allerdings ist auch die Beurteilung kurz und eindeutig: schlechter Mitarbeiter. Der Hinweis auf die Fahreigenschaften ist bewusst übertrieben und warnt davor, dass dieser Mitarbeiter übergenau war. Das betriebliche Interesse ist ihm fremd. Er war „bemüht", die Aufträge auszuführen, hat es aber nicht geschafft. Also schlicht eine unzureichende Leistung. Zudem hatte er für Überstunden zwar „Verständnis", hat sie aber nicht oder nur widerwillig gemacht. Es wundert nicht, dass am Ende kein Dank erfolgt und die „Trennung auf eigenen Wunsch" auf eine Kündigung durch die Firma hindeutet.

Im Ergebnis: Ein schlechter, unbrauchbarer Mitarbeiter.

Zeugnis für einen Kraftfahrzeug-Mechaniker

Zeugnis

Herr Friedrich Schmidt, geboren am 16. September 1973 in Bochum, war in der Zeit vom 1. September 2003 bis 31. Januar 2008 als Kraftfahrzeug-Mechaniker in unserem Unternehmen beschäftigt.

Herr Schmidt hatte die Aufgabe, die anfallenden Reparatur- und Wartungsarbeiten an unseren Betriebsfahrzeugen durchzuführen.

Herr Schmidt hat alle Arbeiten mit großem Fleiß und Interesse erledigt. Er hat den Erwartungen entsprochen. Sein Verhalten zu den Mitarbeitern war stets einwandfrei.

Die Trennung von Herrn Schmidt erfolgt im beiderseitigen Einverständnis. Wir wünschen ihm für die Zukunft alles Gute.

____

(Ort, Datum, Unterschrift)

Beurteilung: Bezüglich der Tätigkeitsbeschreibung wäre es wünschenswert, wenn etwas mehr über die Art der Betriebsfahrzeuge gesagt worden wäre. Die Erledigung der Arbeit mit großem Fleiß und Interesse sagt, er war eifrig, aber nicht besonders tüchtig. Die Leistungsbeurteilung „den Erwartungen entsprochen" bescheinigt eine schlechte Leistung. Letztlich dürfte sich der Mitarbeiter auch gegenüber Vorgesetzten unkorrekt verhalten haben, denn ihm wird nur ein einwandfreies Verhalten zu den Mitarbeitern attestiert. Die Trennung im beiderseitigen Einverständnis bedeutet eine Kündigung durch die Firma. Es fehlt dann auch das „Dankeschön".

Im Ergebnis: Ein schlechtes Zeugnis.

Zeugnis für einen Lageristen

Zeugnis

Herr Michael Heymann, geboren am 12. Februar 1975 in Böblingen, war in der Zeit vom 1. Oktober 2002 bis 31. Januar 2008 als Lagerist bei uns beschäftigt.

Herr Heymann war für die Einlagerung und Ausgabe sowie den Versand und die Bestandsüberwachung von Ersatz- und Garantieteilen zuständig. Die dazugehörigen Verwaltungsaufgaben erledigte er ebenfalls.

Herr Heymann verfügt über ein gutes technisches Verständnis. Er arbeitete sorgfältig und rationell. Mit seiner Leistung waren wir zufrieden.

Sein Verhalten gegenüber Kollegen und Vorgesetzten war korrekt.

Die Trennung von Herrn Heymann erfolgte einvernehmlich. Wir wünschen ihm für die Zukunft alles Gute.

____

(Ort, Datum, Unterschrift)

Beurteilung: Die Leistungsbeurteilung für den Aufgabenbereich des Lageristen ist mit „ausreichend" zu bewerten. Das kann hier seine Ursache in der Hervorhebung des guten technischen Verständnisses haben, denn die dazugehörigen Verwaltungsaufgaben „erledigte er ebenfalls". Das ist ein deutlicher Hinweis auf eine schlechte Leistung in diesem Bereich. Zudem scheint der Lagerist auch noch Ärger mit Kollegen und Vorgesetzten gehabt zu haben, denn dort war sein Verhalten lediglich „korrekt". Der Hinweis auf die einvernehmliche Trennung bedeutet eine Kündigung durch die Firma, ein „Dankeschön" fehlt.

Im Ergebnis: Schwaches Zeugnis, möglichst nur mit technischen Aufgaben beschäftigen.

Zwischenzeugnis für eine Rechtsanwaltsfachangestellte

Zeugnis

Frau Katharina Clausen, geboren am 15. Februar 1976 in Rendsburg, war in der Zeit vom 1. Juli 2000 bis 31. Januar 2008 in unserer Kanzlei tätig.

Ihr Tätigkeitsbereich umfasste die selbstständige Anfertigung von Schriftsätzen nach vorgegebenen Stichworten, die Führung des Terminkalenders mit Fristenkontrolle, die Erstellung von Kostenrechnungen sowie die Bearbeitung von Zwangsvollstreckungssachen.

Frau Clausen verfügt über umfangreiche und detaillierte Fachkenntnisse. Auch in schwierigen Situationen und bei Termindruck war sie sehr gut belastbar. Sie handelte stets ruhig und überlegt.

Wir konnten uns jederzeit auf sie verlassen. Sie war äußerst pflichtbewusst, zuverlässig und verschwiegen. Sie hat ihre Aufgaben stets zu unserer vollsten Zufriedenheit erfüllt.

Wegen ihrer freundlichen, verbindlichen und hilfsbereiten Art war Frau Clausen bei den Sozien und ihren Kollegen stets sehr geschätzt und beliebt. Auch ihr Verhalten gegenüber unseren Mandanten war stets vorbildlich.

Frau Clausen bat um dieses Zwischenzeugnis, da sie nach der Geburt ihres Kindes Erziehungsurlaub nehmen wird.

____

(Ort, Datum, Unterschrift)

Beurteilung: Die Tätigkeitsbeschreibung lässt auf eine sehr qualifizierte Mitarbeiterin schließen. Das wird durch die gute Bewertung der Fachkenntnisse bestätigt. Die gesamte Leistungsbewertung einschließlich der Belastbarkeit ist sehr gut und enthält keinen kritischen Hinweis. Auch das Sozialverhalten und der Kundenkontakt lässt nichts zu wünschen übrig. Insgesamt enthält die Bewertung fünfmal „stets“, dem ist nichts hinzuzufügen.

Im Ergebnis: Ein rundes, sehr gutes Zeugnis.

Zeugnis für einen Speditionskaufmann

Zeugnis

Herr Hans Baumgart, geboren am 17. September 1965 in Göttingen, war in der Zeit vom 1. Juli 2000 bis 31. Januar 2008 als Speditionskaufmann in unserem Unternehmen beschäftigt.

Sein Tätigkeitsbereich umfasste folgende Aufgaben:

- Verbringen eingehender Transporte per LKW zu deutschen Kunden
- Auslieferung ab Lager „just in time"
- Empfangnahme der Importe per Seeschiff in den Be-Ne-Lux-Häfen
- Durchführung der Verzollung einschließlich Berücksichtigung der Präferenzzölle
- Auftragsvergabe an Umschlagsbetriebe, Spediteure und Lagerhalter
- Termin- und Kostenkontrolle

Herr Baumgart verfügt über gute Erfahrungen in der nationalen und internationalen LKW-Spedition. Seine fundierten Kenntnisse in Gefahrguttransporten (GGVS-ADR) setzte er erfolgreich ein. Er erledigte seine Aufgaben zügig und termingerecht.

Sein persönliches Verhalten war einwandfrei. Durch seine Geselligkeit trug er zur Verbesserung des Betriebsklimas bei. Herr Baumgart verlässt uns auf eigenen Wunsch, um sich anderweitig zu bewerben. Wir danken für die langjährige Zusammenarbeit und wünschen für die Zukunft alles Gute.

(Ort, Datum, Unterschrift)

Beurteilung: Die Aufgabenbeschreibung setzt sich sehr schön in der Umsetzung und Einbringung seiner eigenen fachlichen Fähigkeiten fort. Die Aufgaben wurden allerdings nur „zügig und termingerecht" erledigt, also keineswegs zur Zufriedenheit oder mehr. Da zur Leistungsbewertung sonst nichts gesagt wird, handelte es sich also um eine schlechte Leistung. Das wird aber erklärlich durch den Hinweis auf seine Geselligkeit, mit der er zur Verbesserung des Betriebsklimas beitrug. Das ist eine ganz eindeutige Formulierung und heißt: Er neigt zu übertriebenem Alkoholgenuss. Dazu passt, dass er die Stelle verlassen hat, ohne offenbar etwas Neues zu haben.

Im Ergebnis: Gute Fachkenntnisse, aber Vorsicht Alkohol!

Zwischenzeugnis für eine Vertriebsassistentin

Zeugnis

Frau Agnes Becker, geborene Schulz, geboren am 28. September 1969 in Mannheim, war in der Zeit vom 1. November 2000 bis 31. Januar 2008 als Vertriebsassistentin in unserer Niederlassung in München tätig.

Ihr Aufgabenbereich umfasste die Auftragsabwicklung unseres Auslandsgeschäfts. Sie bearbeitete die Korrespondenz schriftlich und telefonisch und übernahm es, unsere Angebote ins Englische, Französische und Spanische zu übersetzen. Ferner war sie für die Erstellung der Verkaufsstatistiken zuständig.

Frau Becker bewies großes Organisationsgeschick und in hohem Maße Flexibilität. Dank ihres präzisen Arbeitsstils ist sie auch in schwierigen Situationen sehr gut belastbar. Sie hat den Vertriebsleiter in wesentlichen Bereichen entlastet. Von ihren fundierten EDV-Kenntnissen hat die gesamte Vertriebsabteilung profitiert. Frau Becker erfüllte die ihr übertragenen Arbeiten zu unserer größten Zufriedenheit.

Ihr Verhalten gegenüber Vorgesetzten und Mitarbeitern war stets einwandfrei. Auch unsere Kunden hat sie immer zuvorkommend behandelt.

Frau Becker bat um ein Zwischenzeugnis, da ein Wechsel des Vorgesetzten stattgefunden hat.

____

(Ort, Datum, Unterschrift)

Beurteilung: Die Erteilung eines Zwischenzeugnisses wegen eines Vorgesetztenwechsels ist durchaus legitim und sollte aus der Sicht des Arbeitgebers selbstverständlich sein. Das gilt vor allem für eine Assistenztätigkeit, bei der i. d. R. eine enge Zusammenarbeit vorliegt. Dieser Umstand wird auch in diesem Zeugnis sehr gut und positiv herausgearbeitet. Insoweit ist entscheidend, dass die Vertriebsassistentin den Vertriebsleiter in wesentlichen Bereichen entlastet hat. Auch die übrige Tätigkeitsbeschreibung und Leistungsbeurteilung ist durchweg positiv. Ein versteckter Hinweis ist nicht erkennbar, die Bewertung des Sozialverhaltens ist in Ordnung.

Im Ergebnis: Ein sehr gutes Zeugnis.

Zeugnis für eine Zahnarzthelferin

Zeugnis

Frau Beate Koch, geboren am 19. Oktober 1971 in Kaiserslautern, war in der Zeit vom 1. August 2000 bis 31. Januar 2008 als Zahnarzthelferin in meiner Praxis tätig.

Ihr Aufgabenbereich umfasste die Assistenz am Behandlungsstuhl wie auch alle anderen zahnärztlichen Gebiete einschließlich der ambulanten Chirurgie. Daneben wirkte sie bei den Quartalsabrechnungen mit.

Frau Koch war stets bemüht, ihre Aufgaben ordnungsgemäß zu erfüllen. Ihr Verhalten war jederzeit korrekt.

Das Arbeitsverhältnis endete am heutigen Tage. Ich wünsche ihr für die Zukunft alles Gute.

____

(Ort, Datum, Unterschrift)

Beurteilung: Die Tätigkeitsbeschreibung ist klar und übersichtlich. Die Leistungsbeurteilung ist ebenso klar und niederschmetternd: Sie „bemühte" sich, ihre Aufgaben „ordnungsgemäß" zu erfüllen. Schlechter geht es nicht mehr, eine gänzlich unzureichende Leistung. Zudem war sie nicht einmal „freundlich", „höflich" o. Ä., sondern ihr Verhalten war lediglich „korrekt". Kein Wunder, dass das Arbeitsverhältnis „am heutigen Tage" endete. Das dürfte auf einen Aufhebungsvertrag mit sofortiger Wirkung hindeuten.

Im Ergebnis: Eindeutig schlechtes Zeugnis.

Zeugnis für einen Betriebsleiter

Zeugnis

Herr Dipl.-Ing. Heinz Zander, geboren am 18. April 1969 in Mainz, war vom 1. August 2000 bis zum 31. Januar 2008 als Betriebsleiter in unserem Werk tätig. Am 1. Februar 2003 erhielt er vorzeitig Gesamtprokura.

Herr Zander war der Geschäftsleitung direkt unterstellt.

Sein Aufgabengebiet umfasste die Leitung, Betreuung und Überwachung der gesamten Fertigung von Präzisions- und Zerspanungswerkzeugen. In dieser Funktion unterstanden ihm 67 Mitarbeiter in den Hauptabteilungen Arbeitsvorbereitung, Fertigung und Qualitätsüberwachung.

Herr Zander leitete den Betrieb mit großem Erfolg. Mit hohem persönlichen Einsatz widmete er sich der weiteren Optimierung des technischen Fertigungsstandes.

Dank der von Herrn Zander entwickelten Schwachstellenanalyse gelang es, die Fertigungsabläufe ständig weiter zu rationalisieren und eine gleich bleibende Qualität unserer Produkte sicherzustellen.

Herr Zander genoss stets das absolute Vertrauen der Geschäftsleitung. Besonders hervorzuheben ist sein organisatorisches Geschick. Er verstand es hervorragend, seine Mitarbeiter zu motivieren und die aktive Zusammenarbeit zu fördern.

Herr Zander hat seine Position stets zu unserer vollsten Zufriedenheit ausgeübt und unseren Erwartungen in jeder Hinsicht in bester Weise entsprochen. Wegen seiner Vertrauenswürdigkeit und seiner verbindlichen, aber bestimmten Verhaltensweise war er bei den Mitgliedern der Geschäftsleitung, seinen Kollegen und Mitarbeitern sowie unseren Geschäftspartnern gleichermaßen anerkannt und geschätzt.

Herr Zander verlässt uns auf eigenen Wunsch, um in einem anderen Unternehmen eine weiterführende Aufgabe zu übernehmen. Wir bedanken uns für die stets sehr gute Zusammenarbeit und bedauern sehr, ihn zu verlieren. Zugleich haben wir aber Verständnis dafür, dass er die sich ihm bietende Chance nutzt. Wir wünschen Herrn Zander beruflich und persönlich alles Gute und weiterhin viel Erfolg.

____

(Ort, Datum, Unterschrift)

Beurteilung: Der beurteilte Betriebsleiter dürfte in einem Unternehmen mit etwa 100 Mitarbeitern (einschließlich Verwaltung) tätig geworden sein, so dass aus der Unternehmensgröße geschlossen werden kann, dass das Zeugnis nicht von einem hauptamtlichen Personalleiter geschrieben wurde. Das erklärt zum einen das für die Position doch recht kurze Zeugnis und zum anderen die offensichtliche Verwendung der gebräuchlichen Formulierungen. Dadurch fällt die Beurteilung leicht, dass hier die Geschäftsleitung ihrem Betriebsleiter ein in jeder Hinsicht sehr gutes Zeugnis ausstellen wollte.

Im Rahmen der Tätigkeitsbeschreibung kommt zum Ausdruck, dass der Betriebsleiter seinen Bereich im Griff hatte und im Sinne des Betriebes optimierte. Die Bewertung seines Verhaltens gegenüber der Geschäftsleitung („absolutes Vertrauen“) und seines Führungsverhaltens („verstand es hervorragend, seine Mitarbeiter zu motivieren“) ist als sehr gut zu bezeichnen. Die allgemeine Leistungsbewertung („stets zu unserer vollsten Zufriedenheit“) ist ebenfalls sehr gut. Gleiches gilt für die Bewertung seines Sozialverhaltens, in das die Geschäftsleitung, die Kollegen und die Mitarbeiter gleichermaßen einbezogen wurden. Der Dank und die Ausgangsformel ist glaubwürdig, da es durchaus nachvollziehbar ist, dass für einen derartigen Betriebsleiter, der schon direkt der Geschäftsleitung unterstellt ist, keine weiteren Entwicklungsmöglichkeiten innerhalb des Unternehmens bestanden.

Im Ergebnis: Ohne Abstriche ein sehr gutes Zeugnis.

Findex